不断斥责孩子的父母必知的5个原则

子どもを叱り続ける人が知らない「5つの原則」

[日]石田胜纪 著
周志燕 译

四川科学技术出版社

praises

读者赞誉

- 我是一个高三学生的妈妈，平时我以与这5个原则完全相反的方式管教孩子。而这么做的结果是，孩子不仅没有学习欲望，学习成绩也不好。这本书介绍了丰富的例子和解决方案，我深刻地认识到：该反省的是为人父母的我。

- 当我看到“父母已停止成长，而孩子正在成长”这句话时，感觉一下子被点醒了。或许真正需要成长的是我自己。我和孩子有摩擦或许都是因为我没有跟上孩子的成长步伐。

- 父母和孩子肯定拥有不一样的价值观。看完本书，我意识到：父母应该听听孩子的愿望。

▪ “站在别人的角度思考问题”，如果大人能做到，孩子也能做到。而如果孩子能做到，大人应该也能做到。从某种意义上可以说，孩子是映照父母的姿态的一面镜子。我觉得不论是父母还是学校的老师，都能从这本书中学到很多东西。

▪ 迄今为止我看过很多本育儿书，这些书很容易让人只学方法而不实践。但这本书不一样，里面介绍的都是会让我从心里觉得“说得很对，我明天就能做到”的内容。作者用非常浅显易懂的语言介绍了多个具体例子，他告诉我们：和孩子有关的各种问题都可以先回到“5个原则”看看，再思考问题的原因和解决方案。作者不光告诉我们“如何做能让孩子不讨厌学习”，还激起了我“要为孩子创造比自己更丰富、更幸福的人生”的热情。我觉得这是一本有温度的育儿书。

…………

（以上为日本亚马逊读者五星赞誉）

contents

目 录

引言

第 1 原则
世上没有与自己价值观完全相同的人

第 2 原则

孩子不做被强迫做的事，即使做了，也只停留在形式上

第 3 原则
每个孩子至少拥有 3 个优点

第 4 原则
父母已停止成长，而孩子正在成长

第 5 原则
对孩子应该先“晓之以理”，“斥责”“发火”只在紧急时候使用

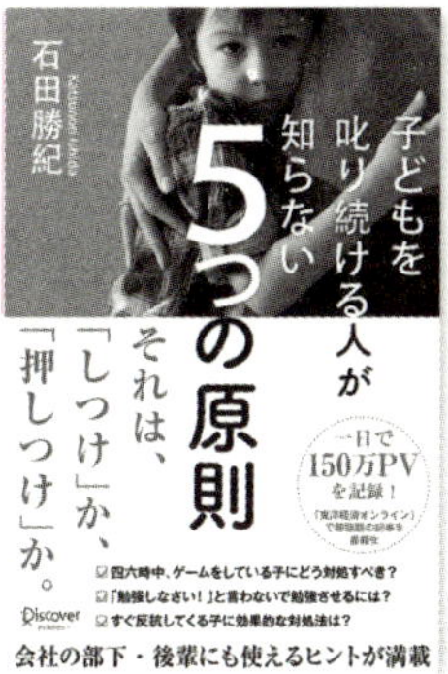

引 言

为什么你明知不可为，却还在不断地斥责孩子

无效斥责在不断重复

“斥责孩子”是每个家庭都正在做的事。在我看来，“斥责孩子”并不是什么坏行为。孩子从未被父母斥责便长大成人，反而是不可能的事吧！

不过，虽说都是“斥责”，但如果将“针对什么事斥责孩子”和“在斥责孩子后，是否解决了问题”等因素考虑在内，斥责也有各种各样的类型。而且，还有每天都用相同的话不断斥责孩子的家庭——这种家庭也占不少的比例。

我从 20 岁创业到现在，已从事教育工作近 30 年。迄今为止，接受过我直接指导的学生已超过 3500 人。如果将我在讲演会、讲习会上的间接指导计算在内，我已指导过 5 万多名孩子和家长。此外，由于最近我在开办一个名为“Mama Cafe 学习会”的同时，还在《东洋经济在线》上连载教育方面的文章，所以每天都有来自全国各地的家长向我咨询问题。

在与这些家长接触的过程中，我发现：陷入“不断斥责孩子”的状态而无法自拔的家庭非常之多。

但是，很少有人能系统地回答“该如何应对”这个问题。我想，大人在与孩子对峙时采取什么应对方法大多都是跟随当时的心情走的吧！

父母也是人，也有自己的情绪。而且，父

母也不是什么圣贤。所以，无法总采取漂亮的应对方法，也是很正常的事。

把“斥责孩子”当成别人的事

我们在这里不妨思考一下以下两个问题：“为什么要斥责孩子？”和“在斥责完后，你期待孩子变成什么状态？”

如果能得到如你期待的结果，你的斥责就是有效果的。但是，如果无论以相同的方式反复斥责了多少次，孩子都没有任何变化，或有时甚至会向越来越坏的方向发展，采取“斥责”这种方式管教孩子很可能就是错误的行为。

但是，在斥责之前让自己冷静地思考问题，是一件很难做到的事。因为当时的情绪毕竟正处于激动易怒的状态。

所以，大家不妨试着暂时远离喧嚣，花一点时间阅读本书，并像对待别人的事一样客观地思考“斥责孩子”这一行为。

如此一来，你就能冷静地看问题，并明白

很多道理。之后，或许你就能发现解决“作为自己的事具体该如何做”这个问题的线索。

记住，要把“斥责孩子”当成别人的事。

被遗忘在每日喧嚣生活中的本质

2017 年 1 月 19 日，我在《东洋经济在线》的专栏上，以“不断斥责孩子”为主题写了一篇文章。其标题是“不断斥责孩子的人所不知道的 3 个原则——被遗忘在每日喧嚣生活中的本质”。

这篇文章是迄今为止我所发表的 50 余篇连载文章中反响最大的一篇，其页面浏览量创下了单日 150 多万人次的纪录。我自己也非常惊讶读者对这个话题的感兴趣程度竟然比我预料的还要高。

我把这篇文章原封不动地转载在下文中，请大家读一读。我想大家在读过这篇文章后，便能明白本书是以什么样的方式展开论述的。

案例

我常对爱我行我素的儿子说一些令他不快的话

（化名：冈田女士）

我是两个男孩的妈妈，一个正在上小学四年级，一个年龄稍大些。上小学四年级的儿子让我很焦虑，我总是不由自主地骂他，说一些令他不快的话。

他无论做什么都很慢，说得好听一点是我行我素，说得难听一点就是眼里没有别人。而且，我一说话，他就顶嘴。

每天都从问“可以做什么”“可以从哪里做起”开始，即使我把每天要做的事都写在了手账（用于记事的本子）上，也还是照问不误。如果他不知道怎么做，就放着不管。即使做错了，也置之不理。即使我和他说——“做错了哪道题，重新做就能明白错在哪儿啊”“有不明白的可以在补习班问老师”，他也只会回答——“反正我这样的人，即使做了，也不明白。而且，做了也是浪费时间”。

起初我都是让自己温柔地和他说话，但他实在太不听话，我才不断地冲他说一些令他不快的话。今后我该怎么做呢?

我的回答

妈妈每天都过得很焦虑吧！“每天和孩子一起生活，总设法想把孩子培养成优秀的人，可越想把孩子培养好，越容易出问题，于是越来越在意孩子的行为和缺点”，这其实是很常见的情况。

实际上，不仅仅冈田家这样，无论哪个家庭，其状况都和冈田家相似——只存在程度上的差别。

如果可能，孩子当然是生活在大人不怎么焦虑、每天都过得积极快活的家庭好一些。但现实却是大人很难做到不焦虑。

平时我经常开展各种教育活动。我给我自己立下的志向是：让日本从此没有讨厌学习的孩子，增加更多阳光向上的家庭。

无论是我开发“儿童手账”，还是写这篇

连载文章，抑或是经营于一年前开办的“Mama Cafe 学习会”，都是我为实现这个志向而做出的努力。可即便我做了这些努力，日本还是有很多像冈田家这样的家庭。所以，我经常在各种各样的场合说以下这段话：

每个家庭都有各自的文化，而且即使在同一家庭中，人与人的个性也是不同的。因为家庭具有多样性，所以会出现“如果这么做就能顺利开展”的方法适用于山田家，却在木村家行不通的情况。

那么，是不是自己凭感觉培养孩子就可以呢？其实，凭感觉培养也是如此——既有可行的时候，也有行不通的时候。总之，家庭是一个多样化的世界，很多时候即使追求方法论也无法顺利开展，这是我们无法回避的现状。

不过，世上存在某种程度上可通用于全体的方法，也是一个不争的事实。我将可通用于全体的方法称为“原则”。

原则涉及的都是本质的东西，但因为它太过简单，所以被人们遗忘在每天的忙碌和喧嚣生活中，并最终没被付诸实践即宣告教育期结束的情况，并不少见。

接下来，我想谈谈有助于打造出孩子自主行动的家庭的“3个原则”。或许这3个原则可以帮助冈田女士解决她正在面临的问题。

第1原则
世上没有与自己价值观完全相同的人

首先，我们有必要知道：父母和孩子即使外表长得很像，个性和价值观也不会完全相同。

父母在家中的很多场合都容易用自己的价值观衡量孩子，其实孩子也有自己的价值观。

因为价值观的不一致，所以亲子之间会产

生冲突。可以说，亲子之间发生冲突大多是由价值观不一致引起的。

这种情况除了父母让自己学会关注并认可孩子的优点外，没有别的解决方法。即使你直截了当地对孩子说“希望你明白父母的用心”“希望你做出改变”，也无济于事。

第 2 原则
孩子不做被强迫做的事，即使做了，也只停留在形式上

人抗拒被强迫做什么是很正常的事。正如“面从腹诽”这个成语所示，被强迫做什么的人，虽然表面上看起来很顺从，但并不是从心底想这么做。即使去做了，他们也最多是“被吩咐什么就做什么”，并无法成为拥有自主性的人。

当然，和生活习惯以及道德伦理问题有关

的事，在某种程度上还是有必要对孩子下命令的。不过，在学习上最好还是营造出“孩子自己主动想学的环境氛围”。

那么，如果想营造出这样的环境氛围，大人该怎么做呢？其中一个方法是：把父母每日快乐生活的姿态展示给孩子看。

凡事都可以从两方面来看。换言之，凡事都既可以从积极的一面看，也可以从消极的一面看。所谓从积极的一面看，即下决心“无论什么事都要开开心心地做”，并让自己确信“我能开开心心地做任何事”。

如果父母这么做了，孩子在不知不觉间就能在这个氛围的感染下，逐渐开始享受做事的乐趣。在这之后，孩子自然会主动投身于学习之中，并做好其他自己应该做的事。

父母千万不可忘了“孩子不会做父母吩咐的事，但会模仿父母做事”这句话。

第 3 原则
每个孩子至少拥有 3 个优点

孩子至少带着 3 个优点出生，“3 个”是最低标准，很多孩子都具有更多优点。而能对其未来工作或毕生事业产生决定性影响的种子就藏在这些优点中。或许这个种子小学期间还看不到，但它肯定存在。

如果在发现这个种子后，给它浇水，让它晒太阳，孩子就能不断成长。所谓水，即美味健康的饭菜。而阳光即“父母的笑脸”。

大家知道正在远离孩子的三样东西都是什么吗？据说这三样东西分别是“大自然”“父母的工作姿态”，以及“家人的笑脸”。

仅仅凭借“阳光 = 父母的笑脸”这一点，我们就可以说父母很伟大。为什么这么说呢？

因为一个笑脸就能给予孩子安心感和希望。

说到这里，我们可以得出“身为母亲的冈田女士必须改变自己的想法”这个结论。但这很可能会让冈田女士产生自责心理，觉得这一切都是因为自己不好——当妈妈真的很不容易。

妈妈每天要做饭、喂养孩子，有的妈妈甚至还要上班。如果在每天需要做这么多事情的情况下，孩子还时不时与大人反抗、不听话，那么妈妈有焦虑情绪也是很正常的事。

但是，如果想改变现状，除了父母改变自己的想法外，别无他法。而且，父母应该经常有意识地思考这两个问题：迄今为止的经历是随流水冲走，从此忘得一干二净，还是将它们作为滋养今后人生的肥料？今后如何做，我们才能变得开心、有趣？

或许即便父母这么做了，也还是会发生让父母觉得孤立无助、进展不顺利的事。

备受父母关注的话题

这篇文章仅有 3000 字，我把要点都浓缩在了其中。不过，虽然文章简洁易懂，但是还存在解释不充分的地方，这是一个不容忽视的事实。

因此，这次我以书籍的形式，撰写了这本包含各种实例和方法的实用书。

此外，在上述这篇我在《东洋经济在线》上发表的文章中，我按照优先顺序介绍了“3 个原则”，而在本书中，我追加了两个原则，以“5 个原则”的形式详细介绍我想传授给父母的所有知识。

石田胜纪

第1原则

世上没有与自己价值观完全相同的人

亲子之间为什么会产生冲突

家庭对孩子的影响最深

孩子在成长的过程中会逐渐陷入某个固定的框框中。具体说来就是：在与父母、兄弟姐妹和朋友们相处，以及受自己所处环境影响的过程中，人会逐渐形成自己的想法、行动模式、表情和情绪处理方法等体现自己风格的东西。

毫无疑问，在所有影响人成长的因素中，家庭对人的影响最深。

社会上有各种各样的说法，比如“3 岁前的养育方式很重要”“10 岁前的教育很重要”，等等。总之，无论哪种说法，都是想强调“小时候的成长环境对孩子的人格形成有很大的影响”这一点。

孩子会在无意识中模仿父母

受家庭的影响长大的孩子，自然会越来越像自己的父母。每次在和父母们面谈的过程中，我首先感受到的都是“孩子的脸长得像父母”——因为孩子继承了父母的遗传性状，所以这是很正常的现象。

接下来我会发现，孩子的表情和行为举止也很像父母。这是孩子在无意识中模仿父母的表情、行为举止的结果。

孩子并不是因想模仿父母而展现出与父母类似的表情，做出像父母的举动，而是在自然而然地模仿。

这些都是我眼睛能看到的部分。换言之，当我与父母们面对面时，我用眼睛看就能很清楚地了解这些信息。不仅如此，我还能感觉到眼睛看不见的部分（比如想法），孩子和父母也有相似之处。

也就是说，当父母以积极的态度对待生活的家庭，孩子也会表现出积极对待生活的倾向，反之亦然（不过，如果父母超级积极，孩子也可能会表现出超级消极的倾向）。

说到这里，我想说很重要的一点。这一点便是：

父母对像自己的孩子，会在无意识中持有好感，并在不知不觉间产生“自己与孩子是完全同质化的两个个体”的感觉。

如此一来，父母便会误以为两者价值观也是一样的，认为孩子会以和父母完全相同的方式去思考问题、采取行动。而且，甚至会出现父母将想象中的理想价值观强加给孩子的情况。很多人都是在“想让孩子与自己同质化”这种源自本能的愿望的推动下做出以上这种行为。

当然，引导孩子形成合乎道德和伦理的价值观（如纠正不良生活习惯等）是一件非常重要的事。但是，如果父母将这种价值观和人生观（生活方式、思考方式）混为一谈，亲子之间便会产生各种各样的冲突。

如果误以为父母和孩子拥有相同的价值观，会发生什么事

在上文中，我一开篇就说了很多理论性较强的话，接下来我们来看看具体的咨询案例吧！

这是十分真实的案例，可能有人在读完后会觉得“这好像说的就是自己”。

请父母边阅读下文，边思考“问题的本质在哪儿”。

案例

孩子不会清楚地表达自己的想法，看起来有些软弱

（化名：石井女士）

我是一个初三男孩的妈妈。

因为别人说话时孩子经常漏听，所以他时常让父母、老师生气。而且，由于他不会清楚地说出自己的想法，所以他看起来有些软弱。

他在参加俱乐部活动时，也表现出了这个特点。因为行动不干脆敏捷，总是出错，所以没少惹老师生气。最近，很遗憾，他退出了俱乐部。

孩子上的是初高中直升学校，成绩中等，在学校没有特别要好的朋友，我也从来没有听他说过什么开心的事。因为一直处于这种状态，所以孩子不仅没有什么梦想，对学习也不上心。

我希望儿子以后能清楚地说出自己的想法，并掌握一两个发泄压力的方法。孩子正处于多愁善感的年龄，所以我觉得很难应对。如果您能回复我的咨询，我将十分感激。

问题的原因

从信中可以看出孩子好像是一个性格软弱老实，行动不干脆麻利的人。而妈妈好像因家有这样的孩子而存在焦虑情绪。我想妈妈平时也许经常冲着孩子大声说“为什么不早点做？！”“说话要清楚！”“快去学习！”之类的话吧！

这种行为的背后隐藏着一个很严重的问题。这个问题便是：父母认为“孩子应按照父母的想法行动”。所以，会出现“孩子一不像父母所想的那样行动，父母就会没完没了地斥责孩子”的现象。

如果石井女士能够意识到以下这个原则，结果或许会发生一些改变。这个原则是：

世上没有与自己价值观完全相同的人。

很多父母明明觉得这个原则说得很在理，可一看到孩子，还是会把它忘得一干二净，并在不知不觉间会为了去纠正与自己所想不一样的地方而不断地对孩子说这说那。

如果父母没有意识到这个原则，“孩子就应按照父母的想法行动”的想法便会在无意识中通过语言表达出来。而这个想法一旦说出了口，便会引发冲突。

接下来，让我来详细分析一下石井女士的咨询内容吧！一详细分析内容，我们便能明白一些事情。

这个分析从“父母所说的话真的正确吗”这个视角出发，请各位父母边思考“自己是否一直任性地认为自己说的都是对的”，边阅读以下文字：

▪ 别人说话时经常漏听

找到导致孩子漏听别人说的话的原因，是件重要的事。或许是因为说话内容太无聊了（如果说的话很无聊，无论谁都会漏听）。

此外，如果已经发现孩子没有在全神贯注地听，周围的大人就有必要说得更浅显易懂一些，或时不时确认孩子是否已理解。

▪ 行动不干脆敏捷

这或许单纯是性格问题。我对“行动不干脆敏捷对这个孩子而言不好”存在疑问。

▪ 总是出错，所以没少惹老师生气

总是出错的原因是什么？大人让孩子思考“不让自己出错的方法”了吗？如果孩子本人不知道有什么方法可以让自己不出错，起初大人有必要主动与孩子一起思考解决方案。

当和孩子一起思考也找不到解决方案时，大人也要一直陪孩子克服“总是出错”这个毛病，才是大人应该做的。

▪ 在学校没有特别要好的朋友

上初中的男孩一般极少在家谈论学校的开心事。我觉得父母或许有必要知道“孩子即使不在家谈论学校的事，也很正常”这一点。

父母往往不知道孩子在学校时的真实样子，也许孩子其实在学校有与自己玩得来的好朋友。但也存在父母仅仅通过观察孩子在家时的样子凭空想象“孩子在学校时是不是也这样”的可能性。

▪ 没有什么梦想，对学习也不上心

拥有梦想的中学生并不多，我们不能因为孩子没有梦想就认为这是导致孩子对学习不上心的原因。如果孩子真的对学习不上心，或许有别的原因。

人具有“觉得原因存在于自己所能看见的现象中，会为了让自己信服而使这个原因具有存在的意义”的倾向，因而父母有必要留意自己是否已表现出这种倾向。

在我试着这么分析后，大家对上文的咨询内容是不是已经有了截然不同的印象？石井女士在叙述问题时，很大程度上都是以父母的价值观为评判尺度的吧！

孩子在父母、学校的老师看来，既没有丰富的知识，也缺乏经验，所以周围的大人有必要为了让孩子不断成长而巧妙地提供援助。

如果要让我说得更直截了当一些，我想说：

原因不在孩子身上，是大人的应对方式存在问题。

改变认知才是解决问题的第一步。

解决方案

我之所以敢于将“原因不在孩子身上，是大人的应对方式存在问题”如此犀利的话说出口，是因为大人如果不从这个视角考虑问题，便会采取极其错误的解决方法。

比如，当大人“觉得原因出在孩子身上”时，他们很可能会为了让孩子的言行变得干脆敏捷而强行让孩子参加露营训练、集训活动，或去某个地方听有助于提升沟通能力的讲座。

此外，因觉得孩子对学习不上心，所以逼孩子去升学补习班或一对一辅导班补习功课，强迫孩子学习，这些例子我们也时常能看到。

以上这些做法，无论哪种，都是觉得原因出在孩子身上的大人，因想让孩子成为自己理想中的样子而采取的行动。

而这么做的结果是，有的孩子会暂时向父母心中的理想模样靠近。但是，因为根本问题没有得到解决，所以外部力量一旦消失，孩子就会恢复原样——有的孩子在父母管教的反作用下，甚至会变得更糟糕。很遗憾的是，这样的例子迄今为止我已见过很多。

那么，觉得“原因出在大人身上”并采取相应的对策，又会如何呢？我想答案应该不言自明了吧！

错误的应对方法

× 为了让孩子的言行变得干脆敏捷，强迫孩子参加培训活动。

× 以“孩子不学习”为理由让孩子去管教严格的补习班学习。

× 对不会清楚地说出想法的孩子厉声说“快做”“要更清楚地说出来”“快去学习”。

正确的应对方法

- √ 把注意力聚焦在能让孩子的内心变得愉悦的事上。
- √ 在此基础上，再问孩子“今后如何对待学习”，让孩子自己决定具体怎么做。如果孩子自己决定去补习班补习功课，补习效果会更好。
- √ 以孩子无法用“YES/NO”回答或没有标准答案的方式提问，如“你是怎么想的”“这是为什么呢”等。即使孩子没有回答上来，也没关系。

在我看来，正确的应对方法应该是这样的：首先，不要对孩子施加额外的压力，或说一些让孩子听起来不舒服的话。

接着，要把注意力放在孩子的内心状态上。换言之，要为孩子营造出能让他（她）的内心处于愉悦状态的环境氛围。记住，大人要营造的不是能让孩子学习的环境氛围，而是能让孩子的内心处于愉悦状态的环境氛围。

比如，一起外出玩耍或玩游戏，或许也是个不错的方法。如果孩子喜欢历史，也可以一起去有历史典故的景点游玩。

再比如，如果青春期的孩子不愿和父母一起做什么，或许“放任不管（不干涉）”也是不错的应对方法。总之，行动之前要先思考“营造什么样的环境氛围可以让孩子的内心变得愉悦”。

如此一来，不仅孩子能从压力中解放出来，其原本具有的优点也会显露出来。在孩子的内心处于愉悦状态后，大人便可以问孩子“如何对待学习或俱乐部活动”这个问题了。

克服亲子价值观差异的 4 个步骤

接下来介绍第二个实例。这个例子涉及的是家有中学生的父母都要面对的典型问题。

案例　沉迷于课外项目，无法用心学习

（化名：石川女士）

我想咨询上初二的女儿的事。现在，女儿正在体育部拼命地练习运动项目。可能也有这方面原因吧，她几乎不学习。老师曾告诉我“她在上课期间也睡觉”。

在家我也时常督促她学习，但让她开始学习是一件很难的事。

今后的出路问题，以及该和学校面谈选择哪所高中的事，我也和女儿说了，可女儿一直坚持，只要能参加俱乐部活动，去哪所高中都行。

作为父母，我很担心女儿的未来，总想着如果能想办法提高女儿的学习积极性，就太好了。您说我女儿的这种情况，我该如何应对呢？

问题的原因

这种类型的提问，我收到过很多很多。从提问人数之多可以看出，有不少家长为这类问题烦恼。

毫无疑问，这既不是俱乐部活动好坏的问题，也不是“在俱乐部活动和学习之间应选择哪个”的问题。说到底，亲子双方的价值观完全不同才是问题的关键。

当“父母想让孩子学习”，而“孩子认为俱乐部活动比学习更重要”时，即使父母催促孩子“快去学习”，孩子也绝不会去学习。

父母所持有的“学习很重要”的价值观，孩子应该在某种程度上也赞同。但因为俱乐部活动的优先级更高，所以即使父母与孩子开展表面上的谈话，两个人也永远是在两条平行线上行走。

解决方案

请先认清问题的关键点

父母在面对这种情况时，请好好品味“世上没有与自己价值观完全相同的人”这句话。

女儿认为“与俱乐部活动或朋友建立紧密的联系才是大事，学习没有这件事重要”，而石川女士则认为“学习更重要，俱乐部活动和朋友关系的重要程度应排在学习之后”。

由于彼此在想法上存在很大的差异，所以父母越想直接将自己的价值观应用在女儿身上，处于青春期的女儿越不会接受。因此，要想解决问题，就有必要先认识这个存在于彼此之间的想法差异。

尊重彼此价值观，平等谈话

接着需要做的是，为理解孩子的价值观而开展亲子谈话。所谓谈话，即互相确认彼此的想法。这是件很重要的事。

通常，父母不和孩子谈论存在于彼此之间的想法差异，一上来就对孩子发号施令，说“快去学习”等之类的话。正确的做法是，父母针对彼此的想法差异和孩子开展谈话。而且，也不可批判孩子所说的想法。因为它代表的是孩子的价值观，而价值观本身是没有好坏之分的。

首先，请尊重孩子的价值观吧！记住，不是让步，而是尊重。

然后，说出父母的想法。

最后，朝着解决问题的方向努力。再问孩子：“那么，今后该怎么做呢？”是否按照这个顺序来，很重要。

父母和孩子围绕“今后该怎么做”这个主题边说出自己的意见边开展谈话，或许最终能以“父母和孩子多少都能接受的形式”解决问题。

我将上述的解决步骤整理如下：

STEP 1 认识价值观的差异

STEP 2 理解孩子的价值观

STEP 3 说出父母的价值观

STEP 4 与孩子谈论“今后该怎么做”

STEP 1 认识价值观的差异

父母：“学习”>“俱乐部活动=朋友关系”

孩子：“俱乐部活动=朋友关系”>“学习”

其优先顺序完全不同。

STEP 2 理解孩子的价值观

那么，说什么话可以表示你理解孩子的价值观呢？

作为常见的失败例子，有以下这几种说法：

× 俱乐部活动和学习，哪个更重要？
× 参加俱乐部活动是好事，但因此不学习就不好了。
× 妈妈认为学习更重要。

如果像这样说话，只会越来越难以解决问题。

那么，如何说才比较好呢？比如，可以像下文这么说：

√ 你在参加俱乐部活动时很努力，你看重它的哪一点？
√ 能从俱乐部活动中学到很多东西吧！重视俱乐部活动是件好事啊！
√ 能在俱乐部活动中投入那么多精力，真了不起啊！俱乐部活动原来有这么大的魅力啊！

总之，要暂且接受孩子的价值观。除了接受孩子的价值观外，或许还可以问孩子“在他（她）眼里，哪一点很重要”。

孩子很可能不会认真地回答这个问题，但这样就够了。因为人一被问问题，就会思考这个问题。这个阶段达到让孩子思考的目的即可。

STEP 3 说出父母的价值观

在对孩子的价值观表示理解后，说出父母自己的价值观吧！接下来，我也举几个坏例子和好例子。

× 要是妈妈，在学习上也会投入精力哦！

× 学习比俱乐部活动更重要，对吧？！

× 靠运动并不能维持以后的生活哦！现在不好好学习，将来会受穷的！

以上这三种说法，无论哪种，都是在否定孩子价值观的同时，强迫孩子接受父母的价值观，所以孩子通常是无法接受的。父母或许可以强迫孩子接受自己的价值观，但孩子是不会真心接受的。

此外，即使父母和孩子谈论未来，孩子也不能马上领悟。所以，拿未来说事也没有什么效果。

那么，如何说才比较好呢？比如，可以试着这么说：

√ 我一直认为，爱参加俱乐部活动是好事，但学习也很重要。

√ 要去能参加俱乐部活动的高中，必须通过考试，所以学习是无论如何也要搞定的。

STEP 4 与孩子谈论“今后该怎么做”

最后一步是磨合双方的价值观。

等你到了这个阶段，请试着像下文这样说话吧！

- “你觉得今后该怎么做？”（说完这句话后，让孩子决定行动方向）

到了这一步，孩子很可能已经产生“学习也很重要”的想法。如果“认识价值观的差异”这一步开展得很顺利，在谈论“今后该怎么做”时，就不会产生很大的冲突。

- “如果你真的很迷恋俱乐部活动，就让我们一起寻找重视俱乐部活动的学校吧！”

如果父母也帮忙寻找重视俱乐部活动的学校，孩子就必须认真对待学习问题。如果之前孩子曾以轻松的口吻说“只要能参加俱乐部活动就行”，到这时或许已经改变想法了。

到了最后这个阶段，父母应只字不提学习。如果在上个阶段已告诉孩子自己对学习的看法，最后阶段应朝着尊重女儿的价值观的方向努力。

因为父母已把自己的价值观告诉孩子，所以孩子对父母的价值观是有印象的。接下来，孩子作出让步的可能性会非常高。

如上文所述，父母应按照以下步骤逐步向解决问题的方向努力：

STEP 1 知道双方在价值观上存在差异
STEP 2 理解孩子的价值观
STEP 3 告诉孩子父母的价值观
STEP 4 谈好今后该怎么办

如果孩子已经长大，再想纠正是不是为时已晚

我想大家大部分都是正处于育儿期的父母吧！或许也有即将为人父母的人。在你们之中或许也有人正在担心地想“如果这种状态一直持续下去，我家孩子会变成什么样”。

下文要介绍的咨询案例来自一位大学生的妈妈。借用这位妈妈的话说，这是一个“因错误的养育方法夺走孩子的干劲和自信而不知怎么办”的咨询案例。

在这里，我希望大家一定要知道：如果在不知道“父母和孩子的价值观不同”的状态下培育孩子，便会出现咨询案例中的这种结果。

案例　错误的养育方法夺走了孩子的干劲和自信

（化名：山田女士）

这是我第一次给您写信。我有一个正在上大一的儿子。在他上大学前，凡是他想做的，我都不让做，总是一个劲儿地和他谈学习上的事。成绩一下降，我就找补习班，让他去补课。与此同时，一涉及生活态度方面的问题，我就会不停地唠叨。

从他搬进大学宿舍过集体生活那天开始，他就一直处于不用心学习、没有干劲的状态。

我到现在才意识到是我的错误育儿方式夺走了儿子的干劲和自信。我一想到我无法改变儿子的精神状态，就很痛苦。

今后我应该怎么和儿子相处呢?

问题的原因

山田女士现在正处于非常痛苦的状态。她认为自己迄今为止的育儿方式是错误的，是自己将孩子培养成了缺乏朝气的人。

其实，山田女士做的事，并不都是错的。

比如孩子“成绩一下降就找补习班”“一涉及生活态度方面的问题，就会不停地唠叨”，从某种意义上可以说，这是每个母亲都会做的事。

但是，从字面上可以推测出，山田女士存在强迫孩子接受自己的价值观（要求孩子必须怎么做）的可能。把大人的价值观强加给孩子的结果是，孩子的“自我肯定感”不仅提升不了，还有下降的可能。

在这个案例中，父母也是将“孩子拥有与自己相同的价值观，应该像自己一样行动”作为了育儿的前提条件。所以，孩子一出现与自己设想不同的状况，父母就会强行将孩子往自己所设定的框框中塞。

而这么做的结果是，孩子从脱离框框的这一瞬间开始，便会逃到父母伸手够不到的地方，或让自己一直处于无法恢复自我肯定感、没有干劲的状态中。山田女士的儿子正属于这种情况。

但是，没有为时已晚的说法。山田女士今后或许可以用下文即将要介绍的这种方法补救。这可能需要花一些时间，但只要这么做了，事态就应该会有所好转。

解决方案

父母先转变自己的价值观吧！具体怎么转变，如下所示：

× 没有干劲是一种不好的状态。我想让孩子变得有干劲。

↓

√ 只要孩子健健康康的，我就觉得幸福。

换言之，要改变想法，让自己拥有“只要孩子一直健健康康的，我就觉得幸福”的豁达心态。

山田女士如果能这么想，当她与儿子见面时，便能开展积极的谈话。反之，如果一边持有不安、担心的情绪，一边与孩子说话，孩子便能敏锐地感知到大人的不安和担心。

如果以觉得十分幸福的情绪状态与孩子接触，孩子便会产生安心感。而孩子一旦有安心感，父母的情绪就能轻松传递到孩子的心中。

就像这样，让想法从迄今为止的“觉得应该这样”逐渐变为“对现在的状态满足”。

老子有句名言叫“知足常乐”。这不是说“即使有不足之处，也要觉得满足”，而是“即使人只有健康的体魄，也觉得很幸运”。

从心底这么觉得，便是知足的状态。我认为，山田女士不应为培养出没有干劲的儿子而后悔，必须为自己能培养出如此健康的孩子而高兴。换言之，应该反着来。

如果山田女士以这种状态与孩子接触，孩子不久之后便会发生改变。

和孩子完全谈不到一块儿去，我该怎么办

在上文中，“谈话”作为关键词频繁出现。在下文要介绍的咨询案例中，“谈话”这个词也会屡屡出现。但是，即使我说“最好谈谈话”，大家也不知道具体该怎么谈。因此，在这里，我先对“谈话”作一下解释说明吧！

我们以与沟通的量成比例的方式构建信赖关系。我们通常不想和自己不擅长应对的人或不喜欢的人说话。而这样的结果是，与他们沟通的次数会急剧减少。如此一来，自然无法建立信赖关系。

相反，如果对方无论是什么样的人，都能频繁地和他（她）沟通，就能和对方构建起信赖关系。而且，即使彼此之间出现一些问题，也很可能能建设性地解决问

题。亲子之间亦是如此。

如果平时经常就某个话题进行沟通，那么就能建立信赖关系，并让双方关系向建设性的方向发展。但是，如果我向咨询问题的父母提出“增加亲子之间的沟通吧”这个解决方法，一定会听到下述这个提问：

“但是，谈不到一块儿去，我该怎么办？”

当亲子关系很冷淡的时候，想要破冰消融，多少需要一些时间。这种时候或许可以稍稍转移焦点，从别的话题开始谈起。

此外，我也经常听到以下这个提问：

“处于青春期的男孩不和父母聊天，该怎么办才好呢？”

这种情况也有必要在想通青春期的男孩就是这样后，慢慢地破冰消融——而不是强迫孩子和大人说话。父母可以和孩子聊聊“日常生活中无关紧要的琐碎小事”。在聊琐碎小事的时候，或许可以使用“间接说话技巧”。

TIPS 使用间接说话技巧

所谓“间接说话技巧”，即像说别人的事一样说话（孩子一旦觉得大人说的是自己的事，便会关上心门）。

关于话题，大人可以选择孩子可能会给予回应的内容，如果说的都是肯定性话语，或许会更好。

如何应对沉迷于游戏中的孩子？

× 沉迷于游戏的孩子似乎脑子不好。

√ 最近出的游戏都很有意思啊。

如何应对拼命参加俱乐部活动的孩子？

× 能同时兼顾俱乐部活动和学习的孩子真了不起啊（这会让孩子听起来不舒服）。

√ 俱乐部活动的指导老师，好像非常辛苦啊（敢于谈老师）。

√ 努力参加俱乐部活动的孩子好像都具有忍耐力呀。

或许孩子起初不会给予任何回应，但这也没关系。千万不可在构建信赖关系的阶段强制孩子回应或指出孩子的问题。如果大人这么做了，孩子会把心门关得更紧。

因此，大人应用轻松的语气和孩子聊日常话题。待关系破冰消融后，可以按照上文介绍的步骤开展谈话。

第 1 原则
世上没有与自己价值观完全相同的人

Point

- 父母误以为“孩子应按照父母的想法行动”，其实这不过是父母的价值观在作祟。
- 无论怎么强迫孩子接受父母的价值观，孩子也只会反抗。
- 父母如果想消除亲子之间的冲突，应按照以下步骤逐步向解决问题的方向努力：

  ① 知道双方在价值观上存在差异

  ② 理解孩子的价值观

  ③ 告诉孩子父母的价值观

  ④ 谈好今后该怎么办

第2原则

孩子不做被强迫做的事，即使做了，也只停留在形式上

你会不会在无意之中强迫孩子做什么

接着，我们来说说“第 2 原则”吧！

这个原则涉及的是一个“我们虽然知道采取强制性措施会有什么不好的结果，可还是会在无意之中这么做”的棘手问题。“我明知道不可以说，还是会不由自主地对孩子说‘快去学习’。”“如果是自己被别人强迫做什么，肯定不愿意，可在无意之中我还是会强迫孩子做一些事。我好想停止这种行为……”

像上述这种咨询信，我收到过很多很多。

可以说，本书介绍的所有不断斥责孩子的实例都和第二个原则有关系。换言之，无论哪个咨询案例，都多少含有强人所难的成分。

强迫别人做什么的行为，不只存在于育儿中。在公司也会出现类似这种行为。在公司中我们也能看到“斥责”的场面——领导斥责下属。“领导不向下属传达自己的本意，只是说一些表面话，然后不知不觉间便向强迫下属做什么的方向发展”，这种事情，我想无论谁都经历过吧！

此外，也会发生“领导本人并没有强迫下属做什么的意思，但下属觉得自己被强人所难了”这类事。其结果是，无法信服的下属不再自律地做事，对工作的热情程度也显著降低了。在现实中，“怀着希望下属好的愿望斥责下属，结果却让公司的销售额受到影响”，这种事也屡见不鲜。

我除了从事教育工作外，近年来还在多个上市企业开展员工教育培训工作。在这些企业，我经常听到上述这些事例。

无论是教育孩子，还是教育员工，其根本原则都是一样的。因此，我们或许可以说第二个原则是一个可应用于各种情况的原则。

希望大家能理解其中蕴含的道理，并将它活用于人际关系以及育儿中。

接着，请大家边看例子边听我讲第二原则吧！

不强迫孩子做什么，就能让孩子进步的“3 个步骤”

如何做到“不说‘快去学习’，就能引导孩子主动学习”？

案例

无法跟上老师的上课节奏，完全缺乏集中力

（化名：山田女士）

我有一个正在上小学五年级的女儿。算术课跟不上老师的上课节奏，作业也是边看答案边磨磨蹭蹭地写，完全没有干劲。即使每天都冲她发脾气，她也只是当时答应要作出改变，之后依然原地踏步，没有任何改进。

讨厌做的事她总是往后推，等到非做不可的时候才开始着急忙慌地做。如果我想让她具有集中力，我该怎么做？

问题的原因

从山田女士的提问可以看出，她认为她的孩子在集中力上存在问题。我认为山田女士或许有必要将注意力聚焦于导致孩子出现这种状态的最初原因上。

算术课跟不上老师的上课节奏，应该是早在“小学一年级至四年级”这个阶段，就已经落后了。因此，她无法理解小学五年级的内容，即使努力学了，也不觉得有趣。

如果实际情况和我说的一样，那么出现“磨磨蹭蹭地写作业”这个结果，也是很正常的。山田女士还在信中提到自己的女儿“讨厌做的事总是往后推”，我想无论谁都有这种倾向吧！大人都会这样，更何况是小学生了——小学生只会更甚。

所以，山田女士的女儿出现问题的根本原因在于算术的学习进度未跟上正常步伐。

如果只把注意力放在孩子眼前的状态上——只关注孩子当下所表现出的“磨磨蹭蹭地写作业、没有干劲”的状态，就会出现“一看到孩子呈现出这种状态，就斥责孩子”的情况。而且，还会陷入“大人越是斥责孩子，孩子表现就会越差”的恶性循环中。

这个时候请先理解第二原则（孩子不做被强迫做的事，即使做了，也只停留在形式上）的意思，再试着想出一个“不强迫就能让孩子学习的方法”吧！

解决方案

接下来介绍具体的解决步骤。请边将第二原则所想表达的意思——不要强人所难——放在心上，边按照以下步骤逐步解决问题。

STEP 1 追溯到能轻松解开的题

待找到孩子能轻松解开的题后，请对孩子说这句话吧！“如果已经知道这道题怎么做，那差不多就没有问题了哦。”

虽然孩子已经上小学五年级，但即使孩子只会小学二三年级难度的算术题，这么说也能让孩子安下心来。让孩子安下心来是件很重要的事。

STEP 2 通过让孩子做同一类型的题，让他（她）慢慢体会“我会啦”的感觉

在孩子做题的过程中，让孩子慢慢体会成功的喜悦，孩子一做出题来，就对孩子说以下这句话吧！

“OK！没错儿！”

这句话能进一步激发出孩子的干劲。即使孩子做错了，也不可对孩子说以下这些话。

- × 这道题很简单，你会做也是很正常的事啊！
- × 还在做小学三年级难度的题？你的水平这么低？
- × 又做错了！
- × 不能做得更快一点儿吗？

STEP 3 继续引导孩子做题，并逐渐提升题的难度

如果父母不断地对孩子说“没错儿”，在这个过程中，孩子便会产生“自己突然会做算术题了”的感觉。

孩子产生这种感觉后，会进一步提升自己的做题能力。为什么这么说呢？因为开始持有自信的孩子即使遇到稍稍有些难的题，也能怀着“我应该会”的想法埋头解题。

但是，起初阶段，“我应该会”的想法还建立在自信心尚不坚定的基础上，所以孩子可能会泄气。这时，可以用轻松的语气对孩子说：

“啊，这道题有点难，所以你能听懂我的解释就行哦。”

如果已经到了这个阶段，之后就可以逐渐放手，让孩子自己学习。换言之，之后可以只在孩子有不明白的地方时教孩子怎么做。

上述方法请一定要试试！

不以斥责孩子收场的说法范例

STEP 1 追溯到能轻松解开的题

√ 如果已经知道这道题怎么做，那差不多就没有问题了哦。

STEP 2 通过让孩子做同一类型的题让他（她）慢慢体会“我会啦”的感觉

√ OK！没错儿!

STEP 3 继续引导孩子做题，并逐渐提升题的难度

√ 啊，这道题有点难，所以你能听懂我的解释就行哦。

这个时候，或许可以使用按照教科书编写的习题集。

在被强迫学习后
成绩跌入谷底的孩子，
如何做能让他提升成绩

接下来介绍学习成绩跌入谷底的初二男孩的例子。

这个男孩目前的状况是：正沉迷于电视、游戏之中，如果一直这么下去，恐怕考不上高中；家长让他去补习班学习，他本人却一直说“不想去”。

如果你是这个男孩的家长，你会怎么做？请大家边思考这个问题，边读以下文字。

案例

所有科目的成绩都已跌入谷底，本人却没有危机感

（化名：下田先生）

我想向您咨询我家正在上初二的大儿子的事。

前几天，妻子代替我去学校参加教师、家长、学生三方会谈。原因是孩子几乎所有科目都已跌入谷底，班主任严肃地对妻子和孩子说："如果一直这么下去，估计所有公立高中都考不上。"

即便如此，孩子回家后仍然只知道看电视、玩游戏。我告诉他"学习是学生的本分，人活在世上必须做好应该做的事"，并在晚饭后引导他在桌前学了一小会儿，但他给我的感觉是"完全没有危机感"。

之前，我们有一段很痛苦的经历：为了备考小升初考试，我们曾让孩子去一对一辅导班补习功课，但因为他当时对学习完全不上心，有时甚至会和妻子吵架，所以不得不放弃小升初考试，让他到现在的公立初中上学。

妻子今早向我征求意见："如果不强迫孩

子去补习班补习功课，到时候耽误升学该怎么办？”我也有这样的担心，但我也不知道哪个补习班对孩子好。

我也问了孩子本人的意见，可他现在的状况很糟糕：不仅一点儿也不想去补习班，而且也没有特别想去的志愿学校。

如果在“应如何打破现状”这个问题上，能听听您的宝贵意见，我将感到十分荣幸。

请您多多指教！

问题的原因

这是一封来自爸爸的咨询信。对于孩子“在备考小升初考试时，也曾去补习班学习，但孩子本人现在一点都不想去补习功课”，“现在上初二，不论哪科，成绩都很糟糕”“也没有他特别想去的高中”等现状，爸爸的心中充满了对孩子的担忧。

尽管如此，孩子却一点儿都没有要做出改变的迹象。

即使强迫孩子去补习班学习，恐怕也不会有任何变化吧！他可能会硬着头皮坐在那里，但应该学不到东西。如果父母看到孩子处于这种状况后，再进一步强迫孩子做什么，孩子很可能会陷入无法恢复活力的状态中。

在行动前，请先思考“孩子为什么会呈现出这种状态”这个问题。

孩子在准备小升初考试之前，其实就已经缺乏干劲了。尽管孩子处于没有干劲的状态，却依然强迫孩子为准备小升初考试而努力学习，这种做法本身就存在问题，对吧？

换言之，父母在让孩子做什么时，不顾孩子有什么想法和愿望，总是按照自己的想法和愿望任性而为。在备考小升初考试时，确实都以“父母主导型”居多。因为也有父母让做什么，孩子就做什么的例子，所以我们不能笼统地说“父母主导型备考方式不好”。

但是，请大家记住：如果父母凭借单方面判断让孩子做他（她）讨厌做的事，出现好结果的概率一定很低。

那么，是不是可以“孩子说要做什么，就让他（她）做什么”呢？也不能这么做。

不对孩子言听计从，在孩子多少能积极主动地学习后，以孩子本人能接受的方式向前推进，才是第一步。

也就是说，我们应遵循第二个原则。孩子不做被强迫的事，即使做了，也只停留在形式上。

物理中有一个“作用与反作用定律”。这个定律告诉我们：如果将一个力作用于某个方向，便会在反方向上产生相同大小的作用力。

换言之，人一被强迫做什么，就会产生相同强度的反抗力，或即使表面上去做了，也只是表面顺从，心里却不以为然。

我在演讲会上讲述这个定律时，经常用以下这个例子打比方。

如果丈夫用很强硬的语气对妻子说“明天晚饭必须做咖喱饭”，妻子不会回答说“好的，我知道了！我很乐意为你做咖喱饭。”

妻子一定会怒气冲冲地想：“啊？说什么呢！”

即使妻子第二天做了咖喱饭，也是心不甘情不愿地——不是做得很辣，就是没有用心去做。

同样地，如果孩子被父母强行要求“快去学习”，孩子通常不会去学习。即使去学习了，也只是硬着头皮坐在桌前做做样子。这是显而易见的事。

很遗憾的是，下田先生就像这个原则所说的那样，将孩子推向了不学习的方向。

那么，出现这种情况后，下田先生该如何应对呢？

解决方案

因为下田先生的孩子，其“自我肯定感”处于非常低的状态，所以有必要先恢复他的自我肯定感。

在我看来，当事情已发展到这个阶段，最好还是让第三者介入处理。从其孩子的状况来看，只要父母还管学习，孩子就无法恢复自我肯定感。

作为父母，有必要一直贯彻“可以谈生活方式、道德伦理方面的话题，而学习则绝口不谈”的行事做法。

学习方面的事，或许可以借助值得信赖的教育专家的力量。选教育专家时，必须至少满足以下 5 个条件：

- 条件 1：**如对待自己孩子般照顾孩子的人**
- 条件 2：**能正确把握孩子目前的学习能力，并让孩子不断提升水平的人**
- 条件 3：**不说一句负面的话（如“这么做太过分”“你这种水平，哪儿都去不了”等），总说能给人带来希望的话的人**
- 条件 4：**知道正确的学习方法的人**
- 条件 5：**以教学生为乐的人**

这 5 个条件，必须全部满足。只要能满足这 5 个条件，无论是学校的老师，还是补习班的老师，都可以请他（她）帮忙。

学习方面请老师帮忙，而父母在家不用谈学习，只需把注意力放在美味饭菜的制作和健康的管理上。

那么，接下来的问题是“该如何寻找这样的人”。我的建议是：如果学校有值得信赖的老师，可以直接请他(她)帮忙；如果父母在为孩子选择补习班，可以从“谁直接教孩子”这个视角出发，为孩子选择合适的老师。

在选择老师时应以“值得信赖的老师是否能长时间直接教孩子”为基准，尽量避开经常换老师的补习班。

如果不强迫，就一直不学习，这种情况该怎么办

几乎所有人都在各种各样的场合讨论命令孩子快去学习会带来什么坏影响。

我们周围经常出现这种情况：父母听闻命令孩子快去学习会带来不良影响后，便在心里想“那以后就不说这句话了”，但即使这么做了，也看不到孩子有任何变化。于是，开始感到不安的父母，再次重启时常命令孩子快去学习的生活模式。

父母的这种心理状态，我也非常能理解。那么，当如果不强迫孩子，他（她）就一直不学习时，家长到底该怎么做呢?

案例 孩子沉迷于玩手机

（化名：町田女士）

我家有一个上初二的男孩。很多人都说，大人一说“快去学习”，孩子就会反抗，我家也是这种状态。

有一段时间我让自己尽量什么也不说，只是静静地观察孩子的样子，结果却发现，孩子玩游戏和智能手机的时间越来越多，更不学习了。

是不是即便如此，也最好放任不管，不再命令孩子“快去学习”？

我不知道到底该怎么做，因此我很烦恼。请您多多指教。

问题的原因

这类提问迄今为止我也收到过很多。每次我都会先告诉父母以下这句话：

“父母每说一次‘快去学习’，孩子的偏差值【偏差值 =50+10×（个人成绩 − 平均成绩）/ 标准差。偏差值在 50 以上，属于较好成绩】就会下降 1 分。”

毫无疑问，这是一种打比方的说法。我这么说是为了让父母意识到这种做法会给孩子带来如此强烈的影响。

实际上，当父母不再说“快去学习”后，孩子开始主动学习的例子，数不胜数。

另一方面，也存在孩子反而完全不学了的例子。

町田女士家就属于第二种情况。出现这种情况，大致有两方面的原因。

孩子没有任何改变的两大原因

第一个原因是，孩子一直没有养成“自己的事情自己做”的习惯。

这类孩子通常无论什么事情，父母都帮忙代劳：饮食上，茶来伸手，饭来张口；起居上，无论是叠衣服，还是收拾房间，都不用自己动手；学习上，一不学习，父母就会像闹钟一样定时叫他（她）“快去学习”。

实际生活中甚至会出现“父母在为孩子核对课程表，而孩子正在玩”的情况。

如果从小教育孩子“自己的事情自己做”，孩子自己搞定学习这件分内事的可能性就会很大。而如果没有开展这种教育，即使不再对孩子说“快去学习”，情况也不会马上有所改观。

第二个原因是，孩子被置身于周围除学习以外有很多乐趣的环境中。

这种场合，不是特别自立的孩子会马上被有趣的事物吸引。所以，必须让这些有趣的事物消失，或让有趣的东西处于不易拿出来玩的状态中。

总之，在孩子真正自立前，有必要先采取“改变环境”的措施。当然，如果孩子很自立，问题便不复存在。

如上所述，孩子不做出改变主要是由于这两个原因。找到原因后，今后该怎么做很关键。接下来我们来谈谈“该怎么做”。

解决方案

基本上，町田女士家只要朝着上述原因的“相反方向”做即可解决问题。

具体说来就是：

❶ 慢慢地让孩子自己做自己的事

❷ 消除妨碍孩子学习的主要因素

让我来逐一分析一下吧！

❶ 慢慢地让孩子自己做自己的事

不应强迫孩子自己做自己的事，而应以让孩子感觉不到被强迫的方式慢慢地让孩子自己做自己的事。这说起来很简单，可实际做起来却需要掌握一定的说话技巧。

× 快做！

× 动作麻利点！

→ 这两种说法只会让孩子形成“被命令→做”的条件反射，因此应避免频繁使用。

请试着这么说话吧!

√ 自己的事自己做吧!

√ 不要给别人添麻烦哦!

→ 最好对孩子说和伦理道德有关的话语。因为说的都是正确的话，即使孩子不愿意，也无法反驳。

❷ 消除妨碍孩子学习的主要因素

父母不说“快去学习”，而是让孩子置身于“能学习的环境”中，这也是让孩子做出改变的一大前提。

如果父母给孩子提供的是妨碍其自主学习的环境（比如，能立即看漫画、玩游戏的环境），就会出现“只要父母不催促‘快去学习’，就会越来越不用功学习”的情况。更浅显易懂地说，就是：只要不消除妨碍孩子进入学习状态的主要因素，想让孩子用功学习就无从谈起。

在电视一直开着或兄弟姐妹吵闹不停的环境中，孩子是无法进入学习状态的。当环境不好时，请先整顿环境。

如果无论如何都无法在家里学习，去图书馆、学校或学童俱乐部学习也是其中一个方法。总之，请先想办法让孩子远离妨碍学习的环境。

另外，关于沉迷于游戏、智能手机的孩子的应对方式，我会在“第 3 原则”中谈及，请大家在思考解决方法时也参考这部分内容。

第 2 原则
孩子不做被强迫做的事，即使做了，也只停留在形式上

Point

- 单方面地强迫孩子做他（她）讨厌做的事，不会有好结果。
- 创造能让孩子积极主动的学习环境是让孩子做出改变的第一步。
- 如果想让孩子主动学习，“先通过让孩子大量做能轻松解开的题建立自信，再边慢慢提升难度边培养孩子的自尊心”，才是有效的做法。

第3原则

每个孩子至少拥有3个优点

与其改正缺点，不如发扬优点

不少父母平时只要与孩子接触，就只会盯着孩子的缺点或短处看。

> “总是慢腾腾地吃饭。”
> “只要不说，就不会收拾。”
> “一直在那玩游戏。”
> “没有想学习的意思。”
> ……

这些让人觉得有些无可奈何，有时甚至会让人怀疑“这真是我的孩子吗”的行为举止，会逼得身为父母的你不得不斥责孩子吧！

父母有必要纠正孩子的不当举止，但在纠正时必须注意一点：如果每天都在不断地斥责孩子，父母本人可能会陷入“这个孩子只有缺点，没有优点”的错觉中。

毫无疑问，无论什么样的孩子，都不可能没有优点。但是，如果每天都做同样的事，只思考相同的问题，不知不觉间就会形成固定的思维模式。如此一来，父母就会看不到孩子好不容易才显露出来的优点。

所以，我们有必要记住“第 3 原则”。毫无疑问，人肯定有优点。在思考孩子的问题时，请告诉自己“人不只有一个优点”。

每个孩子至少拥有 3 个优点。

“至少 3 个”是关键内容。没错，只要你仔细寻找，就肯定能找到 3 个优点。人如果不断发扬优点，就能让自己“改头换面”。

遗憾的是，人往往会被每天都能看到的缺点迷住眼睛而不关注优点。

在日本国内狂销 50 多万本的畅销书《来唤醒你的才能吧——发现并活用你的 5 个优势》（马库斯 · 白金汉 & 唐纳德 · 克里夫顿著，田口俊树译，日本经济新闻出版社）中，有这么三段话：

“在全世界的学校、职场，人们都告诉学生、职员：

要想成为优秀的人，就应先认识、分析自己的弱点，然后再克服它们。

毫无疑问，这么说并非出于恶意。但是，这是一种错误的指导方法。

……

要想在自己所选择的领域发挥卓越的才能，并时常觉得满足，必须知道自己的优势类型，必须掌握发现、表露、活用自己的优势的方法。”

那么，我们如何做才能发扬优点呢？接下来为大家介绍 3 个咨询实例。

寻找孩子优点的方法

第一个咨询实例中的孩子是一个除了画动漫人物外，做什么事都没有动力的男孩。

他的妈妈说："看到孩子处于这种状态，我每天都过得很焦虑。"

其实，问题的本质不在于孩子不学习。

案例　**没有上进心的孩子，父母很焦虑**

（化名：冈田女士）

这是我第一次给您写信。我是两个孩子的妈妈，男孩正在上高一，女孩正在上小学五年级。我想咨询的是平时情绪波动大、正处于青春期的儿子的事。虽然他也想上大学，但他对自己要求不严格，总是逃避学习。即使是必须做的事，也视而不见。

孩子没有养成良好的学习习惯，成绩也不好。在上高中之前，课程虽然没有不及格的，但都只有60~80分。我一直为“如何做才能让他拥有一颗积极向上的心”而烦恼。

附带一句，孩子喜欢画画，而且只喜欢画动漫人物。从小学三年级开始踢足球，上个月因为练习太辛苦，自己退出了足球社团，现在属于“归宅部”（归宅部是日本校园对没有加入社团、放学后直接回家的学生的戏谑说法）。

孩子自己说要从第二学期开始好好学习，可一直没有看到他付诸行动，坐在桌子前只会一个劲儿地画画。

看到孩子处于这种状态，我每天都过得很焦虑。这种情况，我该如何应对呢?

问题的原因

我们先梳理一下孩子的现状吧！

- 孩子几乎没有学习的动力。
- 孩子擅长画自己喜欢的动漫人物，但父母不觉得这是好事。
- 父母认为孩子有逃避做辛苦的事的倾向。

孩子不爱学习，而父母希望孩子“积极投身于学习中”。冈田女士认为孩子感觉不到学习的价值，总是由着性子做自己喜欢做的事，或懒得做什么就不做什么，所以她越来越焦虑不安。

她总想让孩子去学习，所以经常会围绕学习这个主题对孩子说各种各样的话。比如“快去学习！”“做完作业了？”“是不是马上要考试了？”等话语，应该经常会出现在她家的日常会话中。其实，说这类话并不能解决问题。而且，不仅解决不了问题，还会让事态进一步恶化。

很多家庭都会发生这种状况（程度上有轻重之分），我经常听人诉说这类问题。其原因是采用的应对方法有问题。

换言之，冈田女士觉得上高一的儿子的现状存在问题，而实际上，伏线一直存在于从过去到现在的生活中。而且，因为这是长时间养成的习惯，所以如果本人没有意识到自身存在问题，并一直保持现状不变，今后也不可能有所改变。

通常，孩子在上初中之前比较听父母的话。不过，具体也要看精神年龄，有的孩子即使上了初中，也看起来和小学生一样听父母的话。但是，即使看起来确实很听话，但当他们被强迫做不想做的事时，还是会很不开心。如果父母这时光看表面就判断孩子“很听话”，等孩子长大，并展露出自我后，其内在部分就会逐渐表面化。

冈田女士的孩子正是处于这种状态。

解决方案

那么，该如何改变长时间养成的习惯呢？

请试着按照以下 3 个步骤做：

STEP 1　思考根本原因是什么

→ 即使找不到根本原因，也没关系

STEP 2　思考“父母不应该做什么”

→ 在思考应该做什么之前，先想想不应该做什么

STEP 3　思考“父母应该做什么”

→ 最后，思考应该做什么

接下来，我按步骤逐一讲解：

STEP 1 思考“根本原因是什么”

正如上文所述，我们可以从长期养成的习惯中寻找根本原因。接下来请回想一下自己是怎么应对的吧！

将原因锁定在一定范围不是目的，思考原因是什么才具有实际的意义。

起初你可能会因“想设法改变现状”（即孩子不学习、没有毅力的状态）的心情占上风而难以静下心来思考原因。

或许有时也会出现“试着努力思考了，但不知道原因是什么”的情况。但是，即使这样也无妨。

请在思考该如何做之前，先回想自己迄今为止的言行，想想“根本原因是什么”。

STEP 2 思考“父母不应该做什么”

第二步是在思考“父母应该做什么”前，先想想“父母不应该做什么”。

一提到解决方案，大家就会马上按照加法原理思考“应该做什么”，其实很多时候按照减法原理发现“不应该做什么”并付诸实践，更能顺利解决问题。

作为“不应该做的事”，我首推“干涉学习”。先果断停止这个行为吧！具体说来，就是最好不“命令”“强迫”“暗示（以令人不快的方式暗示）”孩子去学习。

父母具体实践的时候，正是考验其忍耐力的时候。因为干涉学习毕竟已成为一种习惯。

STEP 3 思考“父母应该做什么”

最后思考“应该做什么”。在这个咨询案例中，父母应把注意力放在“孩子的优点”上。

如果有人对你说“请在你的周围寻找红色的东西”，仅为风景的一部分的红色东西就会立刻清楚地映入你的眼帘吧！很多时候，一旦明确目标物、目标，其对象就会映入眼帘。

所以，如果你想寻找孩子的优点，你就会不怎么关注孩子的缺点，并开始留意孩子的优点。

因为迄今为止冈田女士一直没有把注意力放在孩子的优点上，所以她只看到了孩子的缺点。

那么，冈田女士的孩子具有什么优点呢？他的优点是“爱画画”。冈田女士应有效利用孩子的这个优点。

但是，虽然都叫“爱画画”，但“爱画画”的表现方式是多种多样的，比如喜欢画动漫人物、对动漫感兴趣，喜欢创造性地作画，或喜欢一个人静处，等等。因此，父母在思考应对方法时应结合孩子的具体情况。

如果让孩子的小爱好与学习产生联系，孩子对学习的态度就会逐渐发生改变。

比如，如果孩子喜欢动漫人物，可以让孩子在学校的备忘录上画漫画中经常出现的对白框；如果孩子对动漫感兴趣，可以让孩子去漫画制作现场参观或参加动漫节。如此一来，孩子就会逐渐明白“学生在某种程度上也是需要顾及学习的”。

总之，不直接谈学习，而是以孩子的优点或感兴趣的事为圆心，不断推动孩子扩大他（她）的兴趣范围，才是最有效的方法。

我认为“容易沉迷于游戏”也属于优点

接下来要说的这个咨询案例非常常见，可能在阅读本书的父母中就有“每当看到孩子沉迷于游戏或智能手机之中，就不由自主地斥责孩子”的人。

游戏就是为了让人沉迷其中而设计的，因此孩子沉迷于游戏也是很正常的事，因为即使是大人，也会沉迷其中。

如果我们能这么想，就不会觉得玩游戏本身存在问题。那么，原因到底是什么呢?

案例

因过度玩游戏而对日常生活造成不良影响

（化名：岩崎女士）

我是一个正在上小学三年级的男孩的妈妈。我正在为孩子过度玩游戏而烦恼。他大约从二年级开始就很难停下游戏，也不再遵守之前的规定。

最近，我一提醒，他就说“我还想再玩一会儿”。如果我再次提醒，他就开始发脾气、砸东西，或马上哭出声来。

最让我在意的是，玩游戏已影响到他的日常生活，他不再好好洗澡、吃饭。有时甚至会因为早起就想玩游戏而任性地不去上学。

孩子平时玩游戏将近3小时，休息日大约玩6个小时，我丈夫经常说“干脆把游戏机弄坏吧”，但总是难以付诸实践。因为我们无法预测，如果我们把游戏机弄坏，孩子会在大闹之后做出什么事来。

为孩子营造出方便玩游戏的环境是我们大人的责任，但我每天过着从早到晚骂孩子的生活，也很郁闷，身体状况也因此变得不好。我完全不知道该如何管教孩子。

问题的原因

最近也有不少人在智能手机上玩游戏，我们可以说，当今已是一个一人拥有一台游戏机的时代。

孩子陷入像岩崎家这种状态的家庭，全国应该有的是，其最大的原因是“让孩子拥有游戏机”。如果一开始就不让孩子拥有游戏机，就不会发生这种事。

但是，在无论谁都拥有智能手机或游戏机的大环境下，坚决不让孩子拥有游戏机的家庭毕竟是少数。

接下来说一些比较切合实际的话吧！关于游戏、智能手机，迄今为止我和非常多的父母、孩子谈过。

在与他们谈过后，我明白了一点：拥有游戏机的家庭是分多个类型的。

❶ 在拥有游戏机后，有的家庭制定规则，有的家庭不制定规则

首先，拥有游戏机的家庭，有制定规则的家庭和不

制定规则的家庭之分。所谓规则，即“每天玩游戏的时间控制在一小时以内”“先学习，再玩游戏”等。

如果在孩子的行为让人看不下去后才急匆匆地制定规则，已没有效果。只有一开始就制定规则，才有意义。

❷ 在制定规则的家庭中，有的家庭有惩罚措施，有的家庭没有惩罚措施

其次，即使制定了规则，也有制定了“当未遵守时，该怎么处理”的有惩罚措施的家庭和没有惩罚措施的家庭之分。

比如，有的家庭会规定“如果没有遵守这个规则，禁止玩游戏一周”等。如果没有制定惩罚措施，就算孩子产生“即使打破规则，也没关系”的想法，大人也没有办法。

❸ 在制定惩罚措施的家庭中，有的家庭会落实到行动上，有的家庭不会

能制定惩罚措施，说明父母已经做得很好了，但光

做到这一点还不够，只有将惩罚措施落实到行动上，才是真正负责任的父母。遗憾的是，有的家庭明明已制定惩罚措施，却在孩子打破规则后不实施。

在这样的家庭中，孩子会越来越不遵守规则，制定惩罚措施反而成了一种不好的教育方式。

看完上述文字，大家应该能明白不会因为玩游戏产生冲突的家庭是怎么做的了吧！用一句话总结一下，即：

给孩子制定了游戏规则，当孩子不遵守规则时，有惩罚措施，而且一定会把惩罚措施落实到行动上。

岩崎家虽然制定了我在“1”中提到的规则，但后面部分做得并不好。

换言之，没有惩罚措施（当然也就无法付诸实践了）——可能是顾虑孩子的感受吧——是导致问题出现的主要原因。

解决方案

当出现像岩崎家这种状况时，可以考虑按照以下这两种方法解决问题。

第一种是冷静地告诉孩子“为什么现在的状况有问题”，让孩子制定规则和惩罚措施。

第二种是彻底放手，让孩子尽情玩游戏。

第一个是普通方法，第二个是可以让孩子的优点得到发扬的方法。

❶ 冷静地告诉孩子“为什么现在的状况有问题”，让孩子制定规则和惩罚措施

在出现问题之前，岩崎父母强行为孩子制定了规则。在这种情况下，孩子或许会暂时接受，但不会真心服从，有时甚至会生气发火。

因此，首先父母或许可以以不掺杂个人感情的方式

冷静地告诉孩子“为什么大人觉得如此沉迷游戏不是好事”。谈话气氛最好不怎么严肃。

在这之后，再让孩子自己制定玩游戏的规则、惩罚措施——而非父母强迫孩子接受大人制定的规则、惩罚措施。因为和父母强迫孩子接受的规则相比，孩子遵守自己制定的规则的可能性更高。而且，这么做有助于提高孩子的自律性。

岩崎女士的孩子有与父母闹别扭、无故不上学、动手砸东西等实际行为，所以应提前让孩子定好“如果无法遵守规定，该怎么处理”。

这时的谈话推进方式，请参考下面这个例子：

父母：“如果你有游戏机了，可能会把所有精力都放在游戏上。你觉得怎么才能避免出现这种情况？”

孩子：“我不会那样的，不用担心。”

父母：“但是，如果你真那么做了，妈妈会生气的，妈妈生气也无所谓吗？”

孩子：“我不想让妈妈生气。”

父母：“那怎么做好呢？”

孩子："制定规则。"

父母："什么规则？"

孩子："每天只玩一个小时。"

父母："那如果在制定规则后无法遵守，该怎么处理？"

孩子："我一定会好好遵守的。"

父母："无法好好遵守时怎么处理？"

孩子："……"

父母："如果不定好无法遵守规则时如何处理，妈妈爸爸会冲你发火，说你'破坏规则'的。"

孩子："如果破坏了规则，我以后就不玩游戏了。"

父母："可即使你说以后不玩游戏了，你还是会想玩啊！先制定'3天不玩'这个惩罚措施，你觉得行不？"

孩子："我明白了。那就禁止玩一周吧！"

父母："定下惩罚措施，就一定要执行的哦！等真正执行的时候，你不会因不愿意执行而闹别扭、大闹一场或大哭吧？"

孩子："嗯，不会，请放心吧！"

如果在获得口头确认的同时，让孩子亲手把自己制定的规则写在纸上，并将纸贴在家人经常能看见的地方，孩子就会像发过誓般让自己严格执行规定。如此一来，也就很难出现像岩崎家这样的情况了。

不过，即便如此，在执行惩罚措施的时候，孩子不愿意执行或哭闹的可能性依然存在。

但是，规则就是规则。这时如果不严格执行，就无法教育好孩子。而且，只要惩罚措施执行过一次，下次再打破规则的概率就会大幅度降低。

❷ 彻底放手，让孩子尽情玩游戏

接下来我们来看看第二个解决方法。这是一个能让孩子的优点得到发扬的方法。虽然看起来很不现实，但也有人正在实践这个方法。

这个方法就是“彻底放手，让孩子尽情玩游戏”。这和第一个方法的做法完全相反。但是，每个人的看法不同，能否说孩子的优点就存在于与游戏相关的能力中，还得看大人怎么想。

如果孩子上小学三年级，平时就能连续玩3个小时，休息日连续玩 6 个小时，从某种意义上可以说这个孩子拥有惊人的集中力。集中精神玩这么长的时间，连正常的成年人都很难做到吧！

据说在 IT 创业者中，有好几位是小时候沉迷于游戏或电脑，除吃饭外一直在玩的人。而且，在他们家，即使孩子过度沉迷于游戏，父母也不对孩子加以限制。他们的父母真的做得很棒。

实际上，这种方法除了具有“通过发扬孩子的优点，让孩子为将来的职业铺路”的意义外，还具有另外一种意义。这种意义是：等待孩子在毫无节制地玩过后厌倦一直玩游戏的生活。

喜欢吃的食物，如果每天都吃，不知不觉间就会吃腻。偶尔吃一次，反而能品出其中的美味。因此，请这么想：如果孩子的优点是擅长玩游戏，这个优点有可能会开花结果，而如果不是，孩子在玩腻之后会主动开始控制玩游戏的时间。

但是，即使明白这个道理，为人父母还是会不安地想：“如果孩子一直处于只玩游戏的状态，而且无论我们说什么都不听，该怎么办？”父母有这样的担心，也是理所当然的事。所以，是否能选择这么做，最终还得父母自己下判断。

最坏的做法是，采取半途而废的应对方式。如果行为缺乏一贯性，反而对孩子不好，所以在考虑是否采用这个方法时请把这一点也考虑在内。

孩子的优点是缺点的反面

“好强”“自尊心强”等性格特征，既有积极的一面，也有消极的一面。可能有人会问：当我家孩子的某个特点更突出消极的一面时，如何做能变消极为积极？

我的回答是：改变父母的观点。这个回答或许能让有些父母获得启发。

案例

自尊心过强的女儿让我很担心

（化名：关口女士）

我想向您咨询我家上小学四年级的女儿的事。上四年级之前，她一直在家附近的补习班学习算术，所以普通的计算题是会做的，但语文阅读题、应用题、图形题、涉及单位的算术题等，只会凭感觉做。

如果对她说“用图或文字的形式写出计算过程”，即使只是三年级难度的题，她也会停下手中的笔。每次做语文题，她只会敷衍了事，即使让她改一改，她也是改了四五次才能改对。

孩子特别关注正确答案，经常在我不注意的时候抄写答案。她有不想让别人知道自己“不明白什么”“不会什么”的倾向，也不好好听我说话。每次改正错题总是很磨蹭，这一点我也很在意。

自尊心很强，我不觉得是好事。我该如何和她沟通呢？

问题的原因

这位妈妈看起来很苦恼，她不知道她女儿的这种情况该怎么应对。咨询信以“我该如何和她沟通呢”结尾，但其实她女儿的这种状态并不是光谈谈话就能轻松改变的。

我认为在谈话之前应先做一件事。这件事很重要，如果没有做到，无论怎么谈话，都是徒劳。这件事就是父母改变对孩子的认识。父母尤其有必要改变“对学习的认识”“对孩子做错题这一行为的认识”。

关口女士的孩子现在处于“虽然拼命学习，未放弃学习，但因无法理解内容且思考速度很慢而难以向前迈步”的状态。

关口女士虽然对孩子的思考速度、理解速度有很清楚的了解，但在看到孩子呈现出这种状态后依然按照父母的标准（觉得孩子应该会哪些题）思考问题，所以她只会变得越来越焦虑。

因为父母觉得孩子和“应有姿态”（即父母心中的理想姿态）相距甚远，所以压力才会越积越多。而这样的结果是，压力很可能会传递给孩子，让孩子陷入压力过大的状态中。

因此，我们可以认为：父母很难改变自己在心中设定的衡量孩子好坏的标准（比如“希望孩子达到这个程度”等），总把注意力放在自己心中理想的状态上，是导致孩子难以向前迈步的原因所在。

接下来我们来详细分析一下关口女士的咨询信吧！

首先，关口女士提到孩子凭感觉能算出一部分算术题。小学三年级难度的题，确实很多都不需要花时间思考题意就能凭感觉算出来。语文上，因为是为做题而读文章，所以确实也没意思。如果一直持续这种做法，孩子讨厌语文也是很正常的事。

自尊心强的孩子（有时或许说“好强”更为合适），具有为不输于人而比别人更努力的优点，但与之同时也具有“只要估计自己会输，就会在输之前逃跑”的可能性。

严重的时候，孩子甚至会做出“为维护自尊而说谎”的事来。关口女士的孩子正处于这种状态。

在我迄今为止指导过的学生中，也有这样的孩子。面对这种孩子，大人必须采取恰当的应对方法。

解决方案

接下来说说解决方案。我在上文分析“问题的原因”时就说过，首要原因是“想马上让孩子达到父母的标准”。换言之，是存在于孩子的现状和父母的标准之间的巨大差距，让父母感觉到了不安，让孩子感受到了压力。

那么，该如何解决这个问题呢？方法有两个。

1. 使用化整为零的方法
2. 不断发扬优点

我们来逐一看一下吧！

❶ 使用化整为零的方法

类似方法我在前面已经介绍过。如果是算术，并不是所有题都能凭感觉算出来，除了图形题和应用题以外，应该也有需要好好思考才能解开的题。

所以，首先应将“非凭感觉做出”“孩子已理解的题”和“不是这样的题”分开。小学三年级之前的基础题，孩子应该都会吧！

如果孩子连基础题都不会，就把超基础的题找出来，让孩子做一做。如此一来，就能让孩子积累成功体验。接着，当孩子觉得只做基础题有些无趣后，引导孩子，使其主动想做难度稍稍有些大的题。

因为孩子已拥有成功体验，所以他（她）会在“这道题我应该也会”这个想法的激励下开始努力解题。我们可以说，这是一种完全不同于过去的认知状态。

如果是语文，将文章细分成几个段落，让孩子明白每个段落的意思即可。在孩子理解段落意思时，不要让孩子为解题而读文章，而应让孩子发表对内容的看法。孩子为了说出自己的看法，必须把注意力放在文章的内容上。而如果孩子能全神贯注地看文章，解开题的概率就会大幅度上升。

请试着像上文所述般一步步地做吧！毕竟进步也是需要一步步来的。

❷ 不断发扬优点

自尊心强的孩子、好强的孩子，反过来说，也具有“擅长做自己能做之事”的倾向。因此，也可以采取“先找到孩子的优点，再彻底发扬这个优点”的方法。

可能有人会说“我家孩子在学习上没有优点”。其实，那是因为你没有发现。优点肯定有。迄今为止我见过 3 500 多个孩子，在这么多孩子中，没有一个孩子在学习上没有优点。

一提到优点，大部分人都觉得“英语好”“数学好”等之类的才是优点。这些确实属于优点，但如果只有功课好才算优点，那么孩子可能最多只有“数学好”“英语好”等四五个优点。而我眼中的优点，和功课无关，是从其他角度来判断的。我认为父母应让孩子发扬这类优点。

比如：“擅长说话”

“擅长倾听”

“擅长写字”

“擅长阅读”

“擅长记东西”

“擅长观察”

“擅长与人交朋友”

“擅长教东西”

在寻找优点时，应看哪方面“比孩子本人的其他方面更拿手”，而不是看哪方面“比别人更拿手”。是否做到这一点，很重要。

认为“我家孩子无论哪方面都不行”的父母，应该不是拿自家孩子和其他孩子比较，就是用父母的标准来衡量孩子吧！父母如果用这两种方式评判孩子，估计无论到什么时候，都看不到孩子的优点。

父母不应用对比的眼光看孩子，而应找到孩子身上的“绝对优点”。

比如，如果给刚才我列出的八个优点排序，一定有一个排在第一位。

找到这个优点后，不断发扬它即可。

例1 如果孩子擅长说话

可以抛开阅读题不谈，只让孩子说说他（她）对文章的内容有什么想法。不过，父母在对孩子说话时必须多加注意。

× 就这个问题说说你的想法吧！
√ 这段话，作者想说什么呀?

换言之，是否能做到不让孩子觉得这是在学习，这很重要。因为“学习 = 被迫学 = 不想学 = 讨厌学”，所以最好说话时不用“问题”这个词，而是用“话”等词语代替。

例2 如果孩子擅长记东西

请按照下文介绍的方式导入游戏机制。

× 好，现在将这些单词全部记住。

√ 3 分钟时间你能记多少呢？试着挑战一下之前的记录吧！

第一个例子是一种完全没有意义的说法。然而，现实生活中却有非常多的人这么对孩子说。其实，大家可以像第二个例子一样先让孩子产生兴奋感，再让孩子记东西。

如果是擅长“与人交朋友”的孩子，父母可以将孩子的朋友邀请到家里来，让他们一起做作业。在不同于“亲子共学”的环境中，孩子或许会主动学习。

综上所述，只要找到“孩子的绝对优点”，并让这个优点和学习产生联系，孩子就会慢慢发生变化。

优点是促使孩子
不断提升自我的起爆剂

到现在为止，我已经介绍了三个实例。你或许已经注意到，无论在哪个例子中，我都主张采取“发扬孩子的优点”这个方法。遗憾的是，在实际生活中，很多父母都是比起优点，更关注孩子的缺点。

因为缺点眼睛看得见，所以更关注孩子的缺点也是没有办法的事。但是，很多父母不仅误认为孩子不学习是由孩子的缺点导致的，还容易动不动就思考“怎么说才能让孩子去学习呢”这个问题。

但是，光看问题的表面，我们往往得不到启发，只有从别的角度远观，才能获得解决问题的灵感。

如果经常观察孩子的优点，父母就会发生改变。这是因为："斥责孩子"的次数会随着父母把注意力放在孩子的优点上急剧减少。

将来当你为孩子陷入某种状态而烦恼时，请试着想想"孩子的优点是什么"吧！如果能像我举的例子般让优点和"学习"产生联系，则会好上加好。

第 3 原则
每个孩子至少拥有 3 个优点

Point

- 父母容易只看孩子的缺点。如果父母用心寻找孩子的优点，优点自然会进入父母的视野。
- 打算彻底发扬优点，而非改正缺点，更具有建设性。
- 优点也是缺点的反面。比如，如果改变看法，“一个劲儿地玩游戏”（缺点）也能变成“拥有惊人的集中力”（优点）。

第4原则

父母已停止成长，而孩子正在成长

孩子的反抗是成长的证明

迄今为止，我见过 3 500 多个孩子和家长。在与他们交谈的过程中，我发现：很多父母观点的变化速度没有跟上孩子成长的步伐。

具体说来，就是：父母注意到了孩子身体的成长，却未察觉其精神层面的变化，因而不会应对这种变化。

比如，反抗、顶嘴、不听话等行为所对应的精神变化，很多父母怎么也应对不了。将孩子过去懂事时的表现作为标准衡量目前的状态，父母自然会觉得孩子是突然发生变化的。

因此，父母便会产生“那个时候明明很懂事”的想法，并在这之后与孩子发生冲突或争吵。而且，不久之后，父母便会通过使用强制性语句或不断斥责，以接近强逼的形式强迫孩子听自己的话。

于是，正如“第 2 原则”所说，孩子不做被强迫做的事，即使做了，也只停留在形式上。事态最终变得越来越糟糕。

鉴于这种情况，我要说说“第 4 原则”。父母如果不知道这个原则，很可能会一直与孩子处在两条平行线上。

父母已停止成长，而孩子正在成长。

这个总结颇为犀利。但是，仔细想想，你就会发现：父母不仅身体在很早之前就已停止成长，精神上的变化也已赶不上孩子（这么说或许有些失礼）。

而孩子则不论身心，每天都在不断地成长、变化。如果不早点意识到这个事实，随着时间的推移，理想和现实之间的距离很可能会变得越来越大。

父母很容易在不知不觉间用过去的眼光看孩子，觉得“那个时候孩子是这样的，现在也应该这样”。而且，一旦发现孩子和过去不一样，就会觉得别扭、不安，并总想让孩子恢复以前的状态。这无非是一种想让孩子回到成长前的状态的行为。

此外，如果孩子有兄弟姐妹，还存在将他们放在一起比较的倾向。

大人或许会在心里想“哥哥很稳重，而弟弟却……”“用相同的方法培养，为什么差别这么大”。殊不知，不一样才是正常的。两个孩子什么都一样，反而是一件恐怖的事。

孩子各发育阶段的特征

学童期（小学低年级）

上小学低年级的孩子，虽然依然具有幼儿期的特点，但已会按照“大人说不准做的事，不可以做”这一原则做事，并在做事期间开始逐渐形成自己对善恶的理解和判断。这是一个不仅语言能力、认识能力有所提升，对大自然等事物也越来越感兴趣的时期。

学童期（小学高年级）

9 岁以后，孩子开始升入小学高年级。升入小学高年级阶段后，已告别幼儿期的孩子开始多少能将事物作为具有一定意义的对象来认识。他们开始能以与客体对象保持一定距离的方式分析事物，在智力活动上也能开展更加不同的追求。

他们已能客观地看待自己，但另一方面，个体发育差异也越来越明显（即大家所说的“九岁之墙”）。

这是一个身体大幅度生长、开始拥有自我肯定感的时期，但另一方面，这也是一个孩子因在发育上存在很大的个体差异而容易产生自卑感、难以肯定自我的时期。

青年前期（初中）

这个时期，进入青春期的孩子开始意识到自己拥有与父母、朋友不同的内在世界。与此同时，他们开始在为自我意识与客观事实不同而烦恼，并开始在各种各样的纠葛中摸索自己的生活方式。此外，他们开始发现：对自己而言，朋友关系比亲子关系更具有重要的意义。这也是一个迎来对父母的反抗期，亲子之间容易缺乏沟通的时期。在这个时期，他们需要面对青春期特有的课题。

“即使明白这一点，也不由自主地拿孩子和其他孩子或过去的样子作比较”，或许是人性所致吧！

如果你觉得你已出现这种倾向，请停下脚步想想“父母和孩子处于完全不同的成长阶段上，兄弟姐妹的成长阶段也完全不同”这句话吧！

要改变的不是孩子，而是父母

在上一章中，我举了“沉迷于游戏的孩子”的例子。接下来我要介绍的这个例子，虽然看起来和它很像，但我要从不同的视角展开分析。

案例

每天都在重复“一大声斥责，孩子就反抗”的生活

（化名：池田女士）

我有一个正在上小学二年级的儿子。他有

哥哥和妹妹，可就他有点特别——所有行为都很引人注目。

每天只要我大声斥责，他就反抗、顶嘴。而每次他一反抗、顶嘴，我就很焦虑。我一直处于不知该怎么办的状态。

儿子非常喜欢玩，每天只知道浏览YouTube、玩游戏。如果我叫他“快去学习”，他起初会照做，但注意力不集中，而且过不了多久就会被其他事情吸引，并开始玩起来。无论我提醒多少次，他都是这样。

我也让他去补习班学习了，可还是没有任何改变。我也想改掉动不动就发火的坏毛病，我该怎么做呢？

问题的原因

我想先表明一点：这个上小学二年级的孩子所处的状态并不特别。

小学生喜欢玩是很正常的事。而且，玩耍本来就是一件非常重要的事。如果我们周围存在从不玩耍的小学生，那反倒是更令人担心。

不过，池田女士因孩子“总是在玩游戏、浏览网页，学习学一会儿就厌倦”“父母一说他，他就顶嘴反抗”而变得越来越焦虑，也是很正常的事。

虽然说孩子喜欢玩、不爱学习属于普遍现象，但一直这么下去并不是什么好事。而且，父母也想让孩子恢复良好的状态。那么，在思考解决方案前，先想想原因出在哪儿吧！

针对游戏的个别应对方法请参照第三章，这里我再稍稍深入讲解一下。

我想告诉大家：即使你出于想让孩子改变现状的目

的而采取各种各样的方法，也无法顺利解决问题。因为在实施对策之前，必须先做一件事。

这件事便是：父母要先改变自己（而非改变孩子）。为什么这么说呢？因为亲子关系在无意之中已变成上下关系。

当父母和孩子处于上下关系中时，如果上面的人不改变自己，一切都不会发生变化。公司中的上下属关系也是如此。

因此，我们或许可以认为池田女士变得焦虑不安的最根本原因是她没有认识到“父母已停止成长，而孩子正在成长”这一点。

如果池田女士能认识到这一点，就会觉得孩子的反抗、顶嘴是成长的证明，因而事态也不会发展到总是一个劲儿地大声斥责孩子的程度。

换言之，如果父母知道“第 4 原则”，就会把主要精力从“大声斥责孩子”转移到“如何做才能让孩子既玩得开心，又学得开心”上。

有的父母在听完我这么说后，可能会说：“孩子们每天都在拼命地玩，一个劲儿地吵闹，而父母不仅要工作、做家务，还必须解决孩子的学习问题。在这种状态下，哪有富余的精力去改变自己！”

所言极是。确实说得很在理。

但是，如果因为时间和精力不允许而继续维持现状，无论是父母，还是孩子，都会疲惫不堪。

如果不想变成这样，想让亲子关系慢慢向好的方向转变，让大人和孩子逐渐拥有快乐的家庭生活，处于上面的人必须改变想法——这是不争的事实。

那么，具体该怎么做呢？

解决方案

让父母突然做出改变可能有些难，所以大人首先应“有意识地腾出放松精神的时间”。或许有人会觉得自己连一点点的时间都腾不出来，其实时间是能挤出来的。请每周挤出一小时专属自己的时间吧！

我每年都会举办多场时间管理培训会，为那些完全没有时间的繁忙人士提供时间使用方法上的指导。在接受培训后，很多顾客都发表感想说：“以前觉得‘没有时间’只不过是一种错觉，我现在明白时间无论多少都能挤出来。”

归根结底，有时间的人和没有时间的人只存在一个差别：本人想不想挤出时间。

想要挤出时间，就要发挥手账的作用。大家可以拿着笔边看手账边集中注意力思考“如何度过接下来的一周”这个问题。

在思考时，注意不要想负面的东西。如果你在心里想“这么忙啊，够我受的了”或“那个也必须做，这个也必须做”，精神上就会陷入困境。

而如果在心里想“如何做能开心一点”“会有什么样的新变化吗”等，意识就会向积极的方向发展。

比如：

- 看电影、购物等，至少要安排一件开心的事。
- 每周提前安排出一小时的“奖励时间”。
- 每周预定全家出去就餐一次。

以上是根本的解决方法。接下来我们来看看具体的对策吧！

STEP 1 停止“拿孩子和兄弟姐妹比较”

池田女士在信中提到“他有哥哥和妹妹，可就他有点特别——所有行为都很引人注目”，从这句话不难看出，她正在拿孩子和孩子的哥哥、妹妹比较。请停止这一行为吧！每个孩子都具有不同的个性，拿孩子和别的孩子比较并没有实际意义。

我在上一章中也提到过，停止“拿孩子和其他孩子比较”这一行为，进行“绝对比较”（孩子和以前相比成长了多少，有什么样的优点），更具有建设性意义。

STEP 2 导入能激发起孩子的学习欲望的机制

父母知道学习方法并不是件坏事。因为知道怎么学的父母应该也能教孩子如何有效率地学习。但是，我觉得，在这之前池田女士家或许还是先导入能激发起孩子的学习欲望的机制为好。能激发起孩子的学习欲望的机制有很多，我一直推荐父母使用我开发的“儿童手账”。

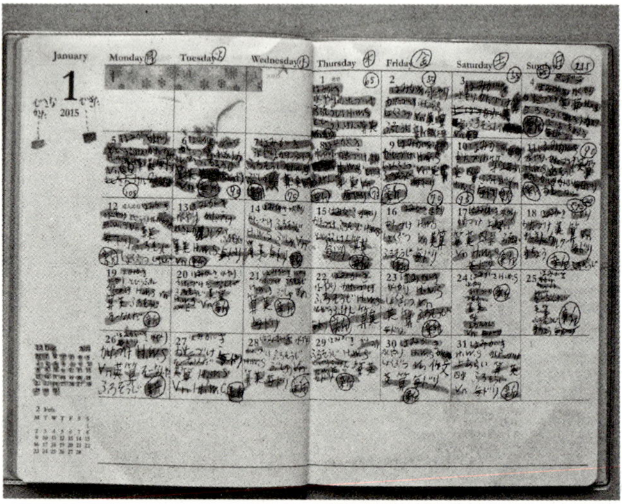

“儿童手账”的使用范例

“儿童手账”的使用方法很简单，只需三个步骤：

❶ 将一周内应该做的事写在手账上

❷ 每做好一件应做之事，就用红笔划掉

❸ 数数已用红笔划掉几件事，计算分数

将每天应该做的事密密麻麻地写在手账上，每完成一件，就用红笔划一下。

这种做法乍一看没有太多技术成分，但实际上该方法含有多个能不断激发出孩子干劲的“小机关”，比如，能让孩子获得“拥有自己的手账的喜悦”“用红笔划去时的快感”和“计算分数时的成就感”。

很多父母在使用这个方法后都曾开心地告诉我“孩子有了 180 度大转变”，比如孩子开始主动说“想再学一会儿”等。

该方法很简单，无论谁都能马上实践，请一定要试试。

顺带一句，游戏的应对方法请参照第三章。

父母不是老师，家也不是学校

孩子一上初中，家庭内部就容易出现问题。比较常见的情况是，父母和孩子经常围绕学习问题争吵。不少父母都因孩子“上小学时明明很听话，一上初中就开始反抗”而不知所措。

那么，问题的核心是什么呢？面对这种情况，父母该如何应对呢？

案例

我已无法与孩子好好沟通，作为父母，是不是说得过多了？

（化名：小宫山女士）

我是一个初二女孩的妈妈。女儿是一个温顺乖巧的孩子，但一涉及学习问题，我们俩就会不由自主地吵起来。

最近，我一谈到学习，她就回一句："我知道！"我也不甘示弱，气冲冲地对她说："正因为你不知道，所以才会被我说啊！"于是，一场争吵就这样开始了。

每次看返回来的试卷的答案，她都有些惊讶，并看似想要反省自己，但之后就会恢复原状。即使我提醒她几句，她也只会说："我自己最了解情况！"

女儿每周去两次补习班，可能是因此而厌烦学习了吧，平时基本不学习。最近我和她吵架的次数越来越多，我觉得我们俩已无法好好沟通。可能是因为我说得过多了。

我也知道就算父母说很多，也是徒劳，但我总认为，如果我不说，她更不会学习。

女儿是独生女，我总是抢着帮她做这做那，我这么做是不是不太好？每天一这么想，我就过得很不安。请您给我提几个好建议。

问题的原因

小宫山女士对自己迄今为止的行为做了很详细的分析。不过，能分析自己行为的她，还是会因看不到任何变化而变得越来越焦虑。不难看出，她每天都过得很痛苦。

毫无疑问，孩子也过得很痛苦。我想孩子的痛苦大概是源于这两个原因：一是不想被父母说，却经常被妈妈斥责；二是不能和父母好好地沟通。

接下来我们来分析一下小宫山女士的咨询内容吧！

▪ 母女因为学习上的事发生争吵

孩子上初中后，父母和孩子因为学习上的事发生争吵的概率确实非常高。

理由很简单：“孩子不做被强迫做的事，即使做了，也只停留在形式上”这一点在孩子上初中后会表现得很明显。

通常，孩子上小学时是“父母说什么→做”，而一上初中，就会变成“父母说什么→反抗”。

此外，父母还应知道很重要的一点：

“父母不是老师，家也不是学校。”

父母或许会在心里想“这个我知道啊”，但实际上父母正在扮演的是老师的角色，采用的是学校式应对方法。

在孩子眼里，父母是父母，不是老师。

- **最近我和她吵架的次数越来越多，我觉得我们俩已无法好好沟通，可能是因为我说得过多了。**

毫无疑问，父母和孩子最好有良好的沟通。而想要建立良好的沟通，必须注重沟通内容。如果进行的是开心的交谈，自然不会有问题，而小宫山家的问题就在于，每天谈的都是不开心的事。

小宫山女士说的这两句话其实含有一个很重要的信息，大家注意到没有？这个重要信息就是：我说得过多了。

年龄较大的父母原本应以大人的姿态应对孩子的问题，而小宫山女士却和孩子同一水准，常常和孩子发生争吵。

在这里我再次强调一下这个重要原则：

“父母已停止成长，而孩子正在成长。”

记住：孩子正在成长，正处于变化之中。大家不妨这么想：孩子变得狂妄、爱顶嘴，是成长的结果，而这是一件值得高兴的事。

- **我也知道就算父母说很多，也是徒劳，但我总认为，如果我不说，她更不会学习。**

我已在“第 2 原则”中说过：孩子不做父母要求做的事，是正常的现象。虽然长时间养成的习惯并不是一朝一夕就能改变的，但我们能慢慢减少次数。

建议小宫山女士采取逐渐减少次数的方法，比如，今天提了 10 次学习，明天控制在 7 次以内，大后天减少至 5 次。如果每天都能数数自己说了多少次，就会觉得同一件事每天反复说很多次是毫无价值的行为（后面还会详细说明）。

解决方案

先想想针对根本原因的解决对策吧！只有想出解决对策，亲子之间才能构建起信赖关系。有人认为：信赖关系与沟通的量成比例。我觉得有道理。

大家也经常和自己信赖的人交流吧！有的时候或许你通过眼神就能和他们交流。另一方面，与自己不合拍的人或不想交谈的人，我们则通常难以好好沟通。

再重复说一遍：沟通并不是只要说话即可，内容很重要。如果没有记住这一点，就无法建立起信赖关系。

那么，该如何沟通呢？请试着回想一下迄今为止说过的话吧！

× 学得怎么样？
× 马上要考试了吧？
× 最近看起来没有干劲啊！
× 在补习班好好听课了吗？

以上这些说法全都不合格。在父母看来，自己这么说是出于担心，可孩子站在倾听者的立场上看，这不过是一种没有必要的干涉。

孩子被这么问，不可能愉快地作答。那么，该如何说呢？可以参考以下这几个例子：

√ 据说今天有雨啊！
√ 对了，我今天遇到了一个有趣的人，是××哦！
√ 你喜欢的××，今天在电视上说了这件事哦！
√ 最近事情非常多啊！上下学的路上，有没有遇到新奇的事呢？

这些或许都是无聊的话，但往往是这种带闲聊性质的话题，更容易打开孩子的话匣子。

由于小宫山家的孩子极度讨厌父母干涉学习，所以小宫山女士或许还是闭口不提学校、学习方面的话题为好。因为父母毕竟不是老师——我在上文已说过。

总之，在孩子没有主动谈论学习方面的话题前，父母闭口不谈学习，是小宫山女士应奉行的铁的原则。

天气、在街上遇到的熟人所说的话、电视方面的话题、新闻话题……这类话题可以随便和孩子聊。如果是孩子感兴趣的话题，或许还能进一步提升沟通质量。

TIPS 使用可促使自己坚持做下去的工具

前面我介绍了各种各样的解决方案，或许有人在看完这些解决方案后会在心里说：“那么，我就从今天开始实施吧！”

下决定开始实施是一个很好的开始，但大家应做好心理准备。因为在实施的过程中经常会出现一个问题：明明执行了好几天，可又很快恢复如初了。虽然知道凡事只有坚持才有效果，但就是坚持不下去，这是不争的现实。

那么，如何做才能坚持不懈地实践新方案呢？

在上文中，我向大家推荐了“儿童手账”。很多事例也已证明，使用“儿童手账”的效果非常好。很多孩子之所以能发生改变，就是因为他们的父母采用了手账这种“行动可视化”的手段。

因为每天自己做的事都看得见，所以孩子也能鼓励自己再接再厉——使用手账就是这么有效果。因此，大家或许也可以试着让平时经常使用的手账发挥更大的作用。每天看智能手机的人也可以采用“使用手机软件”这个方法。

我想很多大人都有一本手账吧——不像孩子还需要特意买一本。而且，很多人都已养成每天翻开看一看的习惯。比起从零开始养成全新的习惯，在已习惯化的事上添加新的习惯，遇到的阻力往往更小。

具体做法是：每天在手账或智能手机上记录当天做了几次自己想坚持做下去的事（或想停止做的事）。

比如，可以每天记下说了几次“快去学习”等强迫孩子去学习的话。

即使不写次数，只用“说得很频繁 = ×”“不怎么说 = △”“几乎不说 = √”这三种形式记录也能达到实际效果。

此外，也可以按照以下使用方法，养成积极看问题的习惯：

- 如果和孩子聊得很开心，将它记录下来。
- 如果表扬孩子了，将具体内容记录下来。
- 把当天给自己带来积极影响的话语记录下来。
- 每天写一则“我的好消息”。
- 列一份快乐清单。

这种做法具有将善于发现缺点转变为善于发现优点，并进而显著改善自己与周围人的关系的好处。请一定要试一下。

总之，如果你想坚持做什么事，只要作记录或使之“可视化”，便能取得很好的效果。

第 4 原则
父母已停止成长，
而孩子正在成长

Point

- 很多例子表明：父母不仅容易在不知不觉间按照“那个时候如何如何”等过去的观点看孩子，而且在精神层面上也跟不上孩子的成长。
- 大人要改变的不是孩子，而是自己的观点。
- 拿孩子和其他孩子比较，没有意义。记住要对孩子本人进行“绝对比较”。

第5原则

对孩子应该先“晓之以理”，“斥责”“发火”只在紧急时候使用

“不断斥责孩子”会让教育孩子的效果锐减

这是一本以“斥责”为主题的书，其实谈及教育孩子，也避不开这个与“斥责”有些相似的词——“发火”。有时我们有必要使用这两个武器。因此，“斥责”“发火”本身并不是什么坏行为。

无论因为什么样的理由斥责孩子或对孩子发火，只要你通过使用这两个武器让孩子向好的方向发展，你的行为就是正确的。但是，如果你的行为并没有让孩子变好，该怎么办？

我每天都收到多封来自全国各地的咨询邮件，很多邮件都表明：斥责孩子或对孩子发火通常没有效果。

迄今为止我见过成百上千个妈妈，很多妈妈都告诉我“无论是斥责，还是发火，孩子都没有任何变化”。

如果孩子没有变化，或变得越来越糟糕，就说明这种行为并不正确。如果大人越斥责（或越发火），事态越往严重的方向发展，大人就有必要重新审视一下自己的行为。

接下来，我要说说第 5 原则：

对孩子应该先“晓之以理”，“斥责”“发火”只在紧急时候使用。

首先，我将“发火”“斥责”“晓之以理”分成两类：

- **通常模式**
  →**“晓之以理”**

- **非常模式**
  →**“斥责”（当孩子的行为不合道义时）**
  “发火”（当你觉得如果这个瞬间不表态，会让自己后悔一辈子时 = 当事态非常紧急时）

通常都是先“晓之以理”。换言之，先和孩子“讲道理”。因为孩子在做出不好的行为后一般都能意识到自己有错，所以要先“晓之以理”。

所谓晓之以理，即理智而认真地指出孩子存在的问题——类似于“开导”。而“斥责”和“发火”则在情况紧急时使用。

人们一般认为“发火”属于非理智行为，而“斥责”属于教育行为。可能是因为大家觉得非理智行为是不怎么好的行为，而教育行为则属于好行为吧，不少人认为“发火是坏行为”“斥责是好行为”。

有鉴于此，我先说说“发火”和“斥责”的区别吧！

“发火”和“斥责”的区别

我一直认为，“斥责”这个武器应在孩子做出不合道义的事时使用，而“发火”这个武器，正如成语“暴跳如雷”所表现的那样，则应在出现必须通过给予一击让孩子改正不良行为的紧急事态时使用。

特别是“发火”这个武器，如果弄错使用方法，就会给将来留下祸患，所以大人有必要拥有相应的觉悟。

不用说，发火时也只能针对“行为”发火，不可否定“人格”。

而且，“发火”这个武器如同传家宝，不能胡乱使用。

如果平时经常使用，不仅会马上失去作用，严重的时候甚至会让孩子心生怨气。

综上所述，大人有必要按照具体场景和紧急程度区分使用“发火”“斥责”和“晓之以理”这三个武器。

如何做到在应该“晓之以理”时不对孩子发火

接下来我们来看看咨询实例吧！

这个例子中的妈妈经常发火，有时甚至会动手打孩子。我们可以看出妈妈很痛苦，但我觉得孩子应该更痛苦。我很想想办法帮她们改善这种局面。

案例　**孩子一遇到困难就退缩**

（化名：今井女士）

我是一个正在上小学六年级的男孩的妈妈。他是独生子，我一直很宠爱孩子。

从幼儿期开始，孩子无论做什么都要依赖别人，从不自己单独做什么。而且，他还是一个怕麻烦的人，非常讨厌思考东西。

从一年级开始，我和他一起检查作业，现在一有不会的题，就干坐着直到我忙完手头的工作。而且一有解不开的题，就哭出声来，所以我总会不由自主地大声斥责他。最近有时候甚至会不由自主地打他。

按理说，解不开的题都是迄今为止老师讲过的题。但孩子就是不知道怎么做。特别是算术题，因为他没有理解为什么会得出那个答案就做题，所以应用题完全不会做。

面对这样的孩子，我怎么做才能让他主动思考？

问题的原因

这位妈妈想要让孩子自己具备解题能力的心情，我非常能理解。但是，如果采用了错误的应对方法，事态只会变得越来越糟糕。因此，我们先来检验一下今井女士的做法是否正确吧！

今井女士觉得自己因孩子不主动思考、做什么都怕麻烦而焦虑不安，并对孩子发火、动手打孩子，是有问题的。

“孩子不主动思考”这个表面现象看似是导致问题发生的原因，实际上它并不是问题的本质。

那么，原因出在哪儿呢？我认为有很大的可能是因为以下三点：

❶ 父母的期待过高

从现状向父母的理想状态转变需要经过一定的过

程，如果父母想让孩子一口气完成转变，就会因要求有些过分而引发冲突。

或许父母会觉得"理想也不是很大，对他提出的都是最低要求，想让他做的都是他这个年龄的孩子应该会的",但即便如此,这对孩子而言还很可能是过高的理想。

❷ 自己的事不自己做

无论做什么都怕麻烦，很可能是因为迄今为止自己没怎么做过自己的事。

如果已形成无论什么都由父母代劳的生活模式，当发生预料之外的事时，孩子就会陷入思考停滞的状态。

❸ 明明应该对孩子"晓之以理"，却斥责孩子或对孩子发火

当妈妈真的很辛苦。因为她们通常一人身兼数职——不仅要照顾孩子，还要做家务，有的妈妈甚至还要兼顾工作。

当妈妈为完成各项任务而疲于奔命时，如果孩子或

丈夫不听话，她们的心中就会开始积存怨气、不满。有时，一点儿小事都会惹得她们不开心。

可以说，事态并不紧急却出现“发火”“斥责”等行为的时候，也是她们的情绪先行于理智的时候。

如果妈妈对自己的情绪放任不管，就可能会出现情绪无法控制的情况。

长此以往，妈妈很可能会在不知不觉间产生“斥责孩子、对孩子发火是父母的一项职责”的错觉。

而这样的结果是，父母和孩子的精神状况都会变得不好。

解决方案

接下来，请让我针对上述三个原因来逐一说一下解决方法吧！

❶ 父母的期待过高→让自己持有“凡事应循序渐进”的想法

解决“期待过高”的方法是，让自己持有“凡事应循序渐进”的想法。我在前文中已谈过这一点，这里再简单温习一下。

比如，如果是算术科目，可以让孩子集中精神只做计算题，应用题一律不让做。而且，只让孩子做简单题。如此一来，就能让孩子收获“我会做了”的成就感。渐渐地，孩子就会想多做几道题。此外，是否能营造出良好的氛围，让孩子像玩猜谜游戏那样以轻松的心情学习

（而不是被迫学习），也很重要。

偶尔可以告诉孩子“想要进一步提升做题能力，必须会这类题（应用题）”，让孩子对难题产生兴趣。起初做不出来也没关系。父母可以慢慢给孩子一些启发，让孩子产生“我能靠自己的力量解开难题”的感觉。

虽然这个阶段做的都是简单题，但如果孩子每做出一道题，父母就表扬一次，不久之后孩子就会产生“或许自己已成为天才”的错觉。

这种“错觉”会在不久之后变成现实——孩子开始真正具备了解题能力。很不可思议吧！

换言之，即使遇到难题，也会在“自己一定能做出来”的想法的激励下不断解题，因而也能大大提升成功概率。

❷ 自己的事不自己做→采用可促使孩子做自己的事的方法

具体的方法我在前文中已经介绍过，这里再说一下。孩子在小的时候不会做很多事情，所以孩子的方方面面都由父母照顾。随着孩子逐渐长大，会开始做自己的事。这是成长路上很重要的一步。但也存在依然什么事都由父母代劳的家庭。

在这种家庭，孩子不再主动做自己的事，他们觉得“父母帮自己做这做那是理所应当的”。如果是麻烦的事（叠被、收拾餐桌、早上自己起床、把鞋子摆放整齐等），即使父母让孩子做，孩子也会听而不闻。

因此，大人有必要采取能让孩子的想法从做什么都嫌麻烦变为主动想做什么的方法。

其中一个方法就是使用“儿童手账”。让孩子使用“儿童手账”，可以让他们逐渐养成做以前不想做的麻烦事、完成学习任务的习惯。

❸ 明明应该对孩子"晓之以理"，却斥责孩子或对孩子发火→未雨绸缪，防止情绪出现剧烈波动

正如上文所述，"晓之以理""斥责"和"发火"这三个武器各自有正确的使用方法。

其正确的使用方法是：当孩子犯错时，先使用"晓之以理"这个武器；当孩子做出不合道义的事时，使用"斥责"这个武器；而"发火"这个武器则通常在大人觉得如果这个瞬间不表态，会让自己后悔一辈子时使用。

但是，或许很多人会说："当孩子犯错时，大人本来就很容易冲动，人在冲动时不可能静下心来想该使用哪个武器。"当明明应该"晓之以理"，却想斥责孩子或对孩子发火时，请试着做以下尝试：

- 等待 6 秒（根据情绪管理相关研究表明，生气的高潮时间大约持续 6 秒）
- 喝水
- 离开现场（使用"暂停"这个方法）
- 记录自己有多生气
- 在心中念诵能让自己平静下来的句子

这类方法数不胜数，但是，这些只不过是当你即将要斥责孩子或对孩子发火时的对症疗法。

如果想让自己平时不突然斥责孩子或对孩子发火，父母有必要给自己腾出时间和空间，让自己在精神上变得从容。

人如果在每日的喧嚣生活中积累了很多不安，发生一点小事就容易作出过度的反应。

在变成这种状态之前，请先打造一处能让自己放松、获得兴奋感和快乐的场所。

顺带说一句，我本人也通过定期为自己打造一处能让自己放松下来的场所调整情绪。具体说来，我会有意识地采用以下这些方法：

- 定期走入八岳山麓的大自然中，让自己放松放松
- 在咖啡馆写稿
- 与能交心的朋友愉快地交谈
- 在喜欢的饭店就餐

如何从呈螺旋式下降的状态中走出来

接下来我们马上要进入最后一个咨询实例。

这个实例中的孩子总是因为学习上的事被周围的大人数落、责骂。

从表面上看好像是孩子的行为存在问题，但我们真的可以认为原因就出在孩子身上吗？

其实，还有更本质的原因。

回顾一下本书介绍的“5 个实例”，你就会发现原因已不言自明。请一定要从这个视角阅读以下这个实例。

案例 我对孩子的未来持悲观态度

（化名：河野女士）

我是一个正上初三的男孩的妈妈。孩子对社会、理科感兴趣，经常看报纸，也很喜欢看资料集、电视上的猜谜特别节目，因此他拥有很丰富的杂学知识。但是，他不喜欢数学和英语，也不学这两科。

每次父母让他去学习，他总是心不甘情不愿地走向书桌。他只要长时间坐在桌前，就是在做其他事情。如果集中注意力做的是应该做的事，我们什么也不会说，可实际上并非如此，因此我们每天都吵架。

学习毕竟是自己的事，我也找他聊过今后的出路问题，可他每次都只会反复说“我知道了，我知道了”。如果一直这么下去，我很担心他的未来。

我家是三代同住在一起，他也总惹爷爷奶奶生气。虽然也给他请了家庭教师，但他连作业都完成不好。

无论怎么冲他发火，他都提不起干劲。我该如何劝说他呢?

问题的原因

河野女士家已形成“孩子不做应做之事→大人斥责孩子、冲孩子发火”的做事模式。而且，孩子不仅会被父母责骂，还会被爷爷奶奶不断数落。我只想象一下，就觉得孩子太不容易了。

大人的这种做法已使孩子陷入呈螺旋式下降的状态中，而且情况只会越来越糟糕。我觉得，“为什么孩子会变得不愿学习了”这个问题，大人有必要先思考一下。

原因是出在孩子身上，还是周围的大人身上？不断斥责孩子却没有让事态好转，至少可以说明这种管教方法是错误的。

接下来，让我们来想想具体怎么做可以让情况好转吧！

解决方案

大人应先记住“要改变的不是孩子，除了父母做出改变外，别无他法”这一点。只要父母做出改变，孩子就会发生变化。如果大人只想改变孩子，问题永远得不到解决。

而如果问题得不到解决，无论你多么想把孩子培养成你心中所想的样子，也无法如愿。这正是养育、教育孩子的人无法回避的真相。

我一直认为养育、教育孩子应遵循一定的原理、原则。而且，我认为：世上养育、教育孩子的方法不计其数，只要没有违背最关键的原则，就不会出现大问题。

本书介绍的这“5 个原则”是其中一部分方法，即使现在才开始在初三孩子身上应用这些原则，也为时不晚。

凡是父母，都能通过改变，给孩子一个没有斥责声、快乐积极的家。接下来说说方法。

像河野家这种情况，可以先后实施本书介绍的“3个原则”。这“3个原则”是：

第 2 原则　孩子不做被强迫做的事，即使做了，也只停留在形式上
第 3 原则　每个孩子至少拥有 3 个优点
第 5 原则　对孩子应该先“晓之以理”，“斥责”“发火”只在紧急时候使用

首先，应实施“第 2 原则”，避免使用“强制性话语”。父母应先做到闭口不提“快去学习”。其方法我在前文中已经介绍过，大家还记得吗？请回忆回忆吧！

接着，再在孩子身上应用“第 3 原则”。请充分发挥孩子的优点吧！河野女士的孩子对理科、社会知识感兴趣，因而河野女士应充分发挥这个优点。拥有丰富的杂学知识，是一种非常出色的能力。或许我们也可以称之为才能的一种吧！

× 虽然你在杂学方面什么都懂点，但如果这和考试分数的提升没有关系，就没有意义！

大人不可采用上面这种让孩子听起来不舒服的说话方式，可以对孩子说下面这两句话：

√ 你知道的真多啊！杂学知识实际上是很重要的知识。我连它们在哪个地方，有什么样的联系都不知道。

√ 它指的是什么意思？再给我讲讲！

请就像这样说一些认可孩子的优点的话。

没必要过分表扬孩子，向孩子表示“我对这个话题感兴趣”即可。

最后再实施“第 5 原则”。“发火”这个武器到出现紧急事态时再使用吧！

也就是说，要先使用“晓之以理”这个方法，而不是一上来就对孩子发火。可能有人会在心里想“现在才对孩子晓之以理，估计没什么作用吧？”

当你觉得自己的教导对孩子没多少效果时，可以请值得信赖的第三者帮忙。

谁“值得信赖”，要看孩子的想法。请找一个孩子觉得值得信赖的人（而不是父母觉得值得信赖的人）吧！

比控制情绪
更简单的方法

在上文中，我介绍了两个咨询实例。我想大家应该已经明白“即使不断地斥责孩子，也不会有任何效果”这一点。

此外，我还在上文提到：“斥责”这种非常管教模式不能经常使用，而将“晓之以理”作为管教的第一步是有效果的。

通常，我对平时经常斥责孩子的父母都会说这句话：请在斥责孩子前先晓之以理。有时候我一说完这句话，似乎就能听到这样的声音：如果我能做到这一点，就不会这么烦恼了。

如果你也这么想，不妨试试以下这个方法吧！

TIPS 改变平时使用的话语，不用总想着要控制情绪

语言不仅具有巨大的力量，还拥有无穷的能量。语言既可以让人变得积极向上、富有朝气，也可以让人丧失自信。

特别是消极话，它们具有非常强烈的杀伤力，大家必须谨慎使用。所以，如果你想让孩子的行为发生变化，就要从今天起告别消极话，让自己经常说能让孩子变得积极的话语。

消极话，指的是“牢骚、不满、嫉妒”等让人听完后觉得不舒服或心灰意冷的话语。我们如果一个劲儿地说消极话，就会对周围消极的事情产生过度反应。而这样的结果是，我们会在负面思维的泥沼中越陷越深。

有时候，即使我们想着从今天开始改变说话方式，在起初阶段也可能会发现自己不知从什么时候起又开始一个劲儿地说消极话了。

当出现这种情况时，有意识地改变话语即可，完全

没必要觉得“自己果然做不到”。

平时所使用的语言一旦发生改变，我们所关注的对象就会发生变化。接下来，我们自然能注意到孩子的优点。

如此一来，孩子就会变得自信。孩子一变得自信，父母就会更认可孩子。而孩子一得到父母的认可，往往就会涌现出“想得到父母更多的认可”的想法。

焦虑情绪越积越多的状态

只把注意力放在孩子的缺点上

冲孩子发火、斥责孩子

↓

改变所使用的话语（变消极话语为积极话语）

开始寻找孩子的优点、做得好的地方

开始逐渐告别“不断斥责孩子”的状态

可提升孩子的自我肯定感的 10 句魔法语

请经常说这些话吧！

√ 你说得很对！

√ 真厉害！

√ 不要紧！

√ 真不愧是我的孩子！

√ 这个我之前都不知道！

√ 不错！

√ 你帮了我大忙！

√ 谢谢！

√（我）很开心！

√ 你可不像 ×× （孩子的名字）啊！

可使孩子的自我肯定感下降的 3 句咒语

× 好好做！

× 快做！

× 去学习！

最后，
我想用下面这几段话结束本书

为人父母确实是一项很辛苦的工作。而且，世上并没有适用于任何人的育儿方法、教育方法。有的方法很可能对 A 有效果，对 B 却没有效果。

父母对孩子的爱被称为“无偿的爱”，它是一种不追求回报的单方面的爱。只要这个前提成立，你的爱就一定能传达给孩子。因此，很多父母都应对自己有信心。

但是，当父母在意孩子现在的言行，并想让孩子纠正不当言行时，有时候会用错方法。在这之前，我一直在介绍有助于避开雷区的方法。但如果让我说真心话，我觉得父母可以犯点儿小错。因为世上并不存在把什么都做到完美的父母。

如果你觉得做错了什么，马上纠正它即可。

如果发现向右走是错的，向左走即可。如果向左走也是错的，向前直走即可。即使偶尔停下来休息或向后退几步，也无大碍。

只要你给孩子的是无偿的爱，最终一定会收获好的结果。请带着满满的自信向前迈步吧！

第 5 原则
对孩子应该先“晓之以理”，“斥责”“发火”只在紧急时候使用

Point

- 通常先“晓之以理”。当孩子做出不合道义的事时，使用“斥责”这个武器，当发生紧急情况时，再对孩子发火。
- 应提前想好当自己不禁想斥责孩子或对孩子发火时的应对方法。比如可以采用“等待6秒”“离开现场”“喝水”等方法。
- 比起控制情绪，改变平时使用的话语，更简单有效。

postscript

后 记

比起与人相同的地方，与众不同的地方更受重视

感谢您一直读到了最后。在为本书画上句号前，我想告诉大家一点：“如今已是一个比起与人相同的地方，与众不同的地方更受重视的时代。”

20 世纪在经济处于高度成长期、企业大量生产、

国民大量消费这个大背景下，更重视与人相同的地方。

在这个世纪，即使是学校，也一直在为让全体学生给出相同的答案而采取相应的教育措施。一说起“个性”，人们都认为这是一个用来形容“古怪的人”的词。

然而，到了即将迎来2020年的现在，情况已与20世纪大有不同。纵观周围，我们发现采取富有个性的生活方式的人很受人尊重，在企业中，“改革”“革新”“多样性”“发现新课题”等词也被作为关键词屡屡提起。

如果突然要求一直接受“思考相同的问题、做相同的事是一种美德”的教育的人有创新行为，那简直是晴天霹雳。因为他们毕竟没有受过这种教育。

随着科技的腾飞、AI（人工智能）的发展，我们的生活正在加速发生变化。有人甚至预测说：未来10年、20年，产业结构一定会发生变化。

这并不是空穴来风，而是人们建立在对现实世界的真实感受的基础上的一种预测。也就是说，在人类迄今为止一直在做的工作中，“无论谁都能做的工作”被科技取代的可能性很高。如此一来，人需要集中精力培养的不再是“无论谁都具备的能力”，而是“你独有的能力”。

如果你只拥有无论谁都具备的能力，很可能会听到这句话：也不是非你不可，有很多人可以代替你。“只有你会”，用另一个词说，即“个性”“优点”。换言之，正如我在本书的第三章中所传达的那样，如今已是一个越来越需要关注、发扬孩子的优点的时代。

近 30 年我一直在教育这个领域开展活动。起初是补习班，再后来是经营学校、在研究生院从事研究工作、举办讲演会、经营“Mama Cafe 学习会”、为企业培训员工，我在一点一点地扩大活动范围。

在我过去从事的工作中，“以偏差值为衡量标准”的教育活动始终占据中心地位。也就是说，我把主要精力放在了“如何做能提升学力”上。提升学力确实是件很重要的事，但其实世上还有更重要的衡量标准。

我在我的一位不仅活出了自我，还拥有稳定的经济收入的朋友身上发现了另一种衡量标准。这种衡量标准就是“人性尺度”。

具体地说，就是将“体贴他人”“帮助他人”“追求自己想做的事”作为衡量标准。像我朋友这样的人，即使是在科技不断发展的世界，也能活出自我吧！我认为，如果我们能成为这样的人，就能拥有幸福的人生。

未来需要当下的孩子们去创造。如果想让孩子们不断发挥他们所持有的个性，活出自己的精彩，我们大人就应不限制孩子诸多能力的发展、不斥责孩子，并思考、实践能不断发扬孩子的优点的方法——是否能做到这一点，至关重要。

最后，我想用下面这两句话结束后记：

“世上不存在没有优点的孩子。”

“无论什么样的孩子，都能不断进步。”

石田胜纪

图书在版编目（CIP）数据

不断斥责孩子的父母必知的5个原则 /（日）石田胜纪著 ；周志燕译. -- 成都 ：四川科学技术出版社，2018.12（2021.4重印）

ISBN 978-7-5364-9312-4

Ⅰ. ①不… Ⅱ. ①石… ②周… Ⅲ. ①家庭教育—经验—日本 Ⅳ. ①G789.313

中国版本图书馆CIP数据核字(2018)第267736号

四川省版权局著作权合同登记章 图进字21-2018-69号

不断斥责孩子的父母必知的5个原则
BUDUAN CHIZE HAIZI DE FUMU BIZHI DE WU GE YUANZE

出 品 人：程佳月　　责任编辑：梅　红
编 著 者：[日]石田胜纪　　责任出版：欧晓春
译 者：周志燕　　封面设计：[日]井上新八
出版发行：四川科学技术出版社
地址：成都市槐树街2号　邮政编码：610031
官方微博：http://weibo.com/sckjcbs
官方微信公众号：sckjcbs
传真：028-87734035
成品尺寸：128mm×185mm
印 张：6
字 数：100千
印 刷：天津旭非印刷有限公司
版次/印次：2019年1月第1版　2021年4月第3次印刷
定 价：39.80元

ISBN 978-7-5364-9312-4

本社发行部邮购组地址：四川省成都市槐树街2号
电话：028-87734035　邮政编码：610031